MARIE-FRANCE HIRIGOYEN

Docteur en médecine depuis 1978, Marie-France Hirigoyen s'est ensuite spécialisée en psychiatrie. Elle est également psychanalyste, psychothérapeute familiale, et elle anime depuis 1985 des séminaires de gestion du stress en entreprise. Elle s'est également formée en victimologie, aux États-Unis d'abord, puis en France où elle a soutenu en 1995 un mémoire intitulé *La destruction morale, les victimes des pervers narcissiques*. Elle a ensuite centré ses recherches sur la violence psychologique et a publié en 1998 un essai, *Le harcèlement moral, la violence perverse au quotidien* (1998), qui a connu un immense succès et a été traduit dans 24 pays. Dans son deuxième livre, *Le harcèlement moral dans la vie professionnelle, démêler le vrai du faux* (2001), poursuivant sa réflexion, elle a étudié spécifiquement ce phénomène dans le monde du travail.
Femmes sous emprise, les ressorts de la violence dans le couple, paru en 2005 (Oh ! Éditions) traite plus spécifiquement des différentes formes de violence dans le couple.

LE HARCÈLEMENT
MORAL

DU MÊME AUTEUR
CHEZ POCKET

LE HARCÈLEMENT MORAL
LE HARCÈLEMENT MORAL DANS LA VIE PROFESSIONNELLE
FEMMES SOUS EMPRISE

MARIE-FRANCE HIRIGOYEN

LE HARCÈLEMENT MORAL

La violence perverse au quotidien

SYROS

INTRODUCTION

Qu'ai-je fait pour mériter un tel châtiment?

> *« Un mot qui vient bien,*
> *ça peut tuer ou humilier,*
> *sans qu'on se salisse les mains.*
> *Une des grandes joies de la vie,*
> *c'est d'humilier ses semblables. »*

Pierre Desproges

Dans la vie, il est des rencontres stimulantes qui nous incitent à donner le meilleur de nous-même, il est aussi des rencontres qui nous minent et qui peuvent finir par nous briser. Un individu peut réussir à en démolir un autre par un processus de harcèlement moral. Il arrive même que l'acharnement se termine par un véritable meurtre psychique. Nous avons tous été témoins d'attaques perverses à un niveau ou à un autre, que ce soit dans le couple, dans les familles, dans les entreprises, ou bien dans la vie politique et sociale. Pourtant, notre société se montre aveugle devant cette forme de violence indirecte. Sous prétexte de tolérance, on devient complaisant.

Les méfaits de la perversion morale constituent

d'excellents sujets de films (*Les Diaboliques* d'Henri-Georges Clouzot, 1954) ou de romans noirs et, dans ce cas, dans l'esprit du public, il est clair qu'il s'agit de manipulation perverse. Mais dans la vie quotidienne nous n'osons pas parler de perversité.

Dans le film *Tatie Danièle* d'Étienne Chatiliez (1990), nous nous amusons des tortures morales qu'une vieille dame inflige à son entourage. Elle commence par martyriser sa vieille employée de maison au point de la faire mourir, « par accident ». Le spectateur se dit : « C'est bien fait pour elle, elle était trop soumise ! » Ensuite, elle déverse sa méchanceté sur la famille de son neveu, qui l'a recueillie. Le neveu et sa femme font tout ce qu'ils peuvent pour la combler, mais plus ils donnent, plus elle se venge.

Pour cela, elle utilise un certain nombre de techniques de déstabilisation habituelles chez les pervers : les sous-entendus, les allusions malveillantes, le mensonge, les humiliations. On s'étonne que les victimes ne prennent pas conscience de cette manipulation malveillante. Elles essaient de comprendre et se sentent responsables : « Qu'avons-nous fait pour qu'elle nous déteste autant ? » Tatie Danièle ne pique pas de colères, elle est seulement froide, méchante ; pas d'une façon ostensible qui pourrait lui mettre à dos son entourage : non, simplement à petites touches déstabilisantes difficiles à repérer. Tatie Danièle est très forte : elle retourne la situation en se plaçant en victime, mettant les membres de sa famille en position de persécuteurs qui ont abandonné seule une vieille femme de quatre-vingt-deux ans, enfermée dans un appartement, avec pour seule nourriture des aliments pour chien.

Dans cet exemple cinématographique plein

d'humour, les victimes ne réagissent pas par un passage à l'acte violent comme cela pourrait se produire dans la vie courante ; elles espèrent que leur gentillesse finira par trouver un écho et que leur agresseur s'adoucira. C'est toujours le contraire qui se produit car trop de gentillesse est comme une provocation insupportable. Finalement, la seule personne qui trouve grâce aux yeux de Tatie Danièle est une nouvelle venue qui la « mate ». Elle a trouvé enfin un partenaire à sa hauteur et une relation quasi amoureuse se met en place.

Si cette vieille femme nous amuse et nous émeut tant, c'est qu'on sent bien qu'autant de méchanceté ne peut venir que de beaucoup de souffrance. Elle nous apitoie comme elle apitoie sa famille et, par là même, nous manipule comme elle manipule sa famille. Nous, les spectateurs, n'avons aucune pitié pour les pauvres victimes qui paraissent bien bêtes. Plus Tatie Danièle est méchante, plus les partenaires familiaux deviennent gentils et donc insupportables à Tatie Danièle, mais aussi à nous-mêmes.

Il n'en reste pas moins que ce sont des attaques perverses. Ces agressions relèvent d'un processus inconscient de destruction psychologique, constitué d'agissements hostiles évidents ou cachés, d'un ou de plusieurs individus, sur un individu désigné, souffre-douleur au sens propre du terme. Par des paroles apparemment anodines, par des allusions, des suggestions ou des non-dits, il est effectivement possible de déstabiliser quelqu'un, ou même de le détruire, sans que l'entourage intervienne. Le ou les agresseurs peuvent ainsi se grandir en rabaissant les autres, et aussi s'éviter tout conflit intérieur ou tout état d'âme, en faisant porter à l'autre la responsabilité de ce qui ne va pas : « Ce n'est pas moi, c'est l'autre qui est responsable du problème ! » Pas de culpabilité, pas de souffrance. Il s'agit là de perversité au sens de la perversion morale.

Un processus pervers peut être utilisé ponctuellement par chacun de nous. Cela ne devient destructeur que par la fréquence et la répétition dans le temps. Tout individu « normalement névrosé » présente à certains moments des comportements pervers, par exemple dans un moment de colère, mais il est aussi capable de passer à d'autres registres de comportement (hystérique, phobique, obsessionnel...), et ses mouvements pervers sont suivis d'un questionnement. Un individu pervers est constamment pervers ; il est fixé dans ce mode de relation à l'autre et ne se remet en question à aucun moment. Même si sa perversité passe inaperçue un certain temps, elle s'exprimera dans chaque situation où il aura à s'engager et à reconnaître sa part de responsabilité, car il lui est impossible de se remettre en question. Ces individus ne peuvent exister qu'en « cassant » quelqu'un : il leur faut rabaisser les autres pour acquérir une bonne estime de soi, et par là même acquérir le pouvoir, car ils sont avides d'admiration et d'approbation. Ils n'ont ni compassion ni respect pour les autres puisqu'ils ne sont pas concernés par la relation. Respecter l'autre, c'est le considérer en tant qu'être humain et reconnaître la souffrance qu'on lui inflige.

La perversion fascine, séduit et fait peur. On envie parfois les individus pervers, car on les imagine porteurs d'une force supérieure qui leur permet d'être toujours gagnants. Effectivement, ils savent naturellement manipuler, ce qui semble un atout dans le monde des affaires ou de la politique. On les craint également car on sait instinctivement qu'il vaut mieux être avec eux que contre eux. C'est la loi du plus fort. Le plus admiré est celui qui sait jouir le plus et souffrir le moins. De toute façon, on fait peu de cas de leurs victimes, qui passent pour faibles ou pas très malignes, et, sous prétexte de respecter la liberté d'autrui, on peut être amené à être aveugle sur des situations graves. En effet, une tolérance actuelle consiste à s'abstenir d'intervenir dans les actions et dans les opinions d'autres personnes alors même que ces opinions ou actions nous paraissent déplaisantes ou même moralement répréhensibles. De même, nous avons une indulgence inouïe à l'égard des mensonges et des manipulations des hommes de pouvoir. La fin justifie les moyens. Mais jusqu'où est-ce acceptable ? Est-ce qu'ainsi nous ne risquons pas de nous trouver nous-mêmes complices, par indifférence, en perdant nos limites ou nos principes ? La tolérance passe nécessairement par l'instauration de limites clairement définies. Or, ce type d'agression consiste justement en un empiétement sur le territoire psychique d'autrui. Le contexte socio-culturel actuel permet à la perversion de se développer parce qu'elle y est tolérée. Notre époque refuse l'établissement de normes. Mettre une limite en nommant une manipulation perverse est assimilé à une intention de censure. Nous avons perdu les limites morales ou religieuses qui constituaient une sorte de code de civilité et qui pouvaient nous faire dire : « Cela ne se fait pas ! » Nous ne retrouvons notre capacité à nous indigner que quand les faits apparaissent sur la scène publique, relayés et amplifiés par les médias. Le pouvoir ne met pas de cadre et se décharge de ses responsabilités sur les gens qu'il est censé diriger ou aider.

Les psychiatres eux-mêmes hésitent à nommer la perversion ou, quand ils le font, c'est soit pour exprimer leur impuissance à intervenir, soit pour montrer leur curiosité devant l'habileté du manipulateur. La définition même de perversion morale est contestée par certains qui préfèrent parler de psychopathie, vaste fourre-tout où ils tendent à mettre tout ce qu'ils ne savent pas soigner. La perversité ne provient pas d'un trouble psychiatrique mais d'une froide rationalité combinée à une incapacité à considérer les autres comme des êtres humains. Un certain nombre de ces pervers commettent des actes délictueux pour lesquels ils sont jugés, mais la plupart usent de leur charme et de leurs facultés d'adaptation pour se frayer un chemin dans la société en laissant derrière eux des personnes blessées et des vies dévastées. Psychiatres, juges, éducateurs, nous nous sommes tous fait piéger par des pervers qui se faisaient passer pour victimes. Ils nous avaient donné à voir ce que nous attendions d'eux, pour mieux nous séduire, et nous leur avions attribué des sentiments névrotiques. Quand ils se sont ensuite montrés sous leur vrai jour en affichant leurs objectifs de pouvoir, nous nous sommes sentis trompés, bafoués, parfois même humiliés. Cela explique la prudence des professionnels à les démasquer. Les psychiatres disent entre eux : « Attention, c'est un pervers ! », sous-entendu : « C'est dangereux » et aussi : « On n'y peut rien. » On renonce ainsi à aider les victimes. Bien sûr, nommer la perversion est quelque chose de grave, on réserve ce terme le plus souvent à des actes d'une grande cruauté, inimaginables même pour des psychiatres, comme les méfaits des tueurs en série. Pourtant, que l'on évoque les agressions subtiles dont je vais parler dans ce livre, où que l'on parle des tueurs en série, il s'agit de « prédation », c'est-à-dire d'un acte qui consiste à s'approprier la vie. Le mot pervers choque, dérange. Il correspond à un jugement de valeur, et les psychanalystes se refusent à émettre des jugements de valeur. Est-ce que pour autant ils doivent tout accepter ? Ne pas nommer la perversion est un acte encore plus grave, puisque c'est alors laisser la victime démunie, agressée et agressable à merci.

Dans ma pratique clinique en tant que psycho-thérapeute, j'ai été amenée à entendre la souffrance des victimes et leur impuissance à se défendre. Je montrerai dans ce livre que le premier acte de ces prédateurs consiste à paralyser leurs victimes pour les empêcher de se défendre. Ensuite, même si elles essaient de comprendre ce qui leur arrive, elles n'ont pas les outils pour le faire. Aussi, en analysant la communication perverse, j'essaierai de démonter le processus qui lie l'agresseur et l'agressé, afin d'aider les victimes ou futures victimes à sortir des filets de leur agresseur. Lorsque les victimes ont voulu se faire aider, il se peut qu'elles n'aient pas été entendues. Il n'est pas rare que des analystes conseillent aux victimes d'un assaut pervers de rechercher en quoi elles sont responsables de l'agression qu'elles subissent, en quoi elles l'ont bien voulu, même si ce n'est qu'inconsciemment. En effet, la psychanalyse ne considère que l'intrapsychique, c'est-à-dire ce qui se passe dans la tête d'un individu, et ne tient pas compte de l'environnement : elle ignore donc le pro-blème de la victime considérée comme complice masochiste. Lorsque des thérapeutes ont néanmoins essayé d'aider les victimes, il se peut que, par leur réticence à nommer un agresseur et un agressé, ils aient renforcé la culpabilité de la victime et, par là même, aggravé son processus de destruction. Il m'apparaît que les méthodes thérapeutiques clas-siques ne sont pas suffisantes pour aider ce type de victimes. Je proposerai donc des outils plus adaptés, qui tiennent compte de la spécificité de l'agression perverse.

Il ne s'agit pas de faire ici le procès des pervers —

d'ailleurs ils se défendent bien tout seuls —, mais de tenir compte de leur nocivité, de leur dangerosité pour autrui, afin de mieux permettre aux victimes ou aux futures victimes de se défendre. Même si l'on considère, très justement, la perversion comme un aménagement défensif (défense contre la psychose ou contre la dépression), cela n'excuse pas les pervers pour autant. Il existe des manipulations anodines qui laissent juste une trace d'amertume ou de honte d'avoir été dupé, mais il existe aussi des manipulations beaucoup plus graves qui touchent à l'identité même de la victime et qui sont des questions de vie ou de mort. Il faut savoir que les pervers sont dangereux directement pour leurs victimes, mais aussi indirectement pour l'entourage en l'entraînant à perdre ses repères et à croire qu'il est possible d'accéder à un mode de pensée plus libre aux dépens d'autrui.

Je me tiendrai, dans ce livre, en dehors des discussions théoriques sur la nature de la perversion pour me placer délibérément, en tant que victimologue, du côté de la personne agressée. La victimologie est une discipline récente, née aux États-Unis, qui ne fut d'abord qu'une branche de la criminologie. Elle consiste en l'analyse des raisons qui amènent un individu à devenir victime, des processus de victimisation, des conséquences que cela induit pour lui et des droits auxquels il peut prétendre. En France, une formation existe depuis 1994, conduisant à un diplôme universitaire. Cette formation s'adresse aux médecins d'urgence, aux psychiatres et psychothérapeutes, aux juristes ainsi qu'à toute personne ayant pour responsabilité professionnelle d'aider les victimes. Une personne qui a subi une agression psychique telle que le harcèlement moral est réellement une victime, puisque son psychisme a été altéré de

14

façon plus ou moins durable. Même si sa façon de réagir à l'agression morale peut contribuer à établir une relation avec l'agresseur qui se nourrit d'elle-même et à donner l'impression d'être « symétrique », il ne faut pas oublier que cette personne souffre d'une situation dont elle n'est pas responsable. S'il arrive que les victimes de cette violence insidieuse consultent en psychothérapie individuelle, c'est plutôt pour inhibition intellectuelle, manque de confiance en soi, difficulté à s'affirmer, ou pour un état dépressif permanent, résistant aux antidépresseurs, ou même pour un état dépressif plus franc qui peut conduire à un suicide. Si ces victimes se plaignent parfois de leur partenaire ou de leur entourage, il est rare qu'elles aient conscience de l'existence de cette violence souterraine redoutable et qu'elles osent se plaindre. La confusion psychique qui s'est instaurée préalablement peut faire oublier, même au psychothérapeute, qu'il s'agit d'une situation de violence objective. Le point commun de ces situations est que c'est indicible : la victime, tout en reconnaissant sa souffrance, n'ose pas vraiment imaginer qu'il y a eu violence et agression. Un doute persiste parfois : « Est-ce que ce ne serait pas moi qui inventerais tout cela, comme certains me le suggèrent ? » Quand elle ose se plaindre de ce qui se passe, elle a le sentiment de mal le décrire, et donc de ne pas être entendue.

J'ai choisi délibérément d'utiliser les termes agresseur et agressé, car il s'agit d'une violence avérée, même si elle est occulte, qui tend à s'attaquer à l'identité de l'autre, et à lui retirer toute individualité. C'est un processus réel de destruction morale, qui peut conduire à la maladie mentale ou au suicide. Je garderai également la dénomination de « pervers », parce qu'elle renvoie clairement à la notion d'abus, comme c'est le cas avec tous les pervers. Cela débute par un abus de pouvoir, se poursuit par un abus narcissique au sens où l'autre perd toute estime de soi, et peut aboutir parfois à un abus sexuel.

I

La violence perverse au quotidien

De petits actes pervers sont si quotidiens qu'ils paraissent la norme. Cela commence par un simple manque de respect, du mensonge ou de la manipulation. Nous ne trouvons cela insupportable que si nous sommes atteints directement. Puis, si le groupe social dans lequel ces conduites apparaissent ne réagit pas, cela se transforme progressivement en conduites perverses avérées qui ont des conséquences graves sur la santé psychologique des victimes. N'étant pas sûres d'être entendues, celles-ci se taisent et souffrent en silence.

Cette destruction morale existe depuis toujours, dans les familles où elle reste cachée, et dans l'entreprise où l'on s'en accommodait en période de plein emploi car les victimes avaient la possibilité de partir. Aujourd'hui, celles-ci s'accrochent désespérément à leur poste de travail au détriment de leur santé tant physique que psychique. Quelques-unes se sont révoltées, ont quelquefois intenté des procès ; le phénomène commence à être médiatisé et cela amène la société à s'interroger.

Il est courant dans notre pratique psychothérapeutique d'être témoins d'histoires de vie où l'on discerne mal la réalité extérieure de la réalité psychique.

Ce qui frappe dans tous ces récits de souffrance, c'est la récurrence. Ce que chacun croyait singulier est en fait partagé par beaucoup d'autres.

La difficulté des transcriptions cliniques réside dans le fait que chaque mot, chaque intonation, chaque allusion ont de l'importance. Tous les détails, pris séparément, paraissent anodins, mais leur ensemble crée un processus destructeur. La victime est entraînée dans ce jeu mortifère et peut réagir elle-même en retour sur un mode pervers, car ce mode de relation peut être utilisé par chacun de nous dans un but défensif. C'est ce qui amène, à tort, à parler de complicité de la victime avec son agresseur.

Il m'a été donné à voir au cours de ma pratique clinique qu'un même individu pervers tend à reproduire son comportement destructeur dans toutes les circonstances de sa vie : sur son lieu de travail, dans son couple, avec ses enfants, et c'est cette continuité de comportement que je veux souligner. Il est ainsi des individus qui jonchent leur parcours de cadavres ou de morts-vivants. Cela ne les empêche pas de donner le change par ailleurs et de paraître tout à fait adaptés à la société.

1

LA VIOLENCE PRIVÉE

La violence perverse dans le couple

La violence perverse dans le couple est souvent niée ou banalisée, réduite à une simple relation de domination. Une simplification psychanalytique consiste à rendre le partenaire complice ou même responsable de l'échange pervers. C'est nier la dimension d'emprise qui paralyse la victime et l'empêche de se défendre, c'est nier la violence des attaques et la gravité du retentissement psychologique du harcèlement sur la victime. Les agressions sont subtiles, il n'y a pas de traces tangibles et les témoins tendent à interpréter comme de simples relations conflictuelles ou passionnelles entre deux personnes caractérielles ce qui est une tentative violente de destruction morale et même physique de l'autre, parfois réussie.

Je décrirai plusieurs couples à des stades différents de l'évolution de la violence perverse. La longueur inégale de mes récits tient au fait que ce processus se met en place sur des mois ou même des années et que, au fur et à mesure de l'évolution de la relation, les victimes apprennent à repérer d'abord le processus pervers, puis apprennent à se défendre et accumulent les preuves.

L'emprise

Dans le couple, le mouvement pervers se met en place quand l'affectif fait défaut, ou bien lorsqu'il existe une trop grande proximité avec l'objet aimé.

Trop de proximité peut faire peur et, par là même, ce qui va faire l'objet de la plus grande violence est ce qui est le plus intime. Un individu narcissique impose son emprise pour retenir l'autre, mais il craint que l'autre ne soit trop proche, ne vienne l'envahir. Il s'agit donc de le maintenir dans une relation de dépendance ou même de propriété pour vérifier sa toute-puissance. Le partenaire englué dans le doute et la culpabilité ne peut réagir.

Le message non dit est : « Je ne t'aime pas ! », mais il est occulté pour que l'autre ne parte pas, et il est agi de façon indirecte. Le partenaire doit rester là pour être frustré en permanence ; il faut en même temps l'empêcher de penser afin qu'il ne prenne pas conscience du processus. Patricia Highsmith le décrivait dans une interview au journal *Le Monde* : « Il arrive parfois que les gens qui nous attirent le plus, ou dont nous sommes amoureux, agissent avec autant d'efficacité que des isolants en caoutchouc sur l'étincelle de l'imagination. »

L'emprise est mise en place par un individu narcissique qui veut paralyser son partenaire en le mettant en position de flou et d'incertitude. Cela lui évite de s'engager dans une relation de couple qui lui fait peur. Par ce processus, il maintient l'autre à distance, dans des limites qui ne lui paraissent pas dangereuses. S'il ne veut pas être envahi par l'autre, il lui fait subir pourtant ce qu'il ne veut pas subir lui-même, en l'étouffant et en le maintenant « à disposition ». Dans un couple qui fonctionne normalement, il devrait y avoir un renforcement narcissique mutuel, même s'il existe des éléments ponctuels d'emprise. Il peut se faire que l'un cherche à « éteindre » l'autre, pour être bien sûr de rester en position dominante dans le couple. Mais un couple mené par un pervers narcissique constitue une association mortifère : le dénigrement, les attaques souterraines sont systématiques.

Ce processus n'est possible que par la trop grande tolérance du partenaire. Cette tolérance est très souvent interprétée par les psychanalystes comme étant liée aux bénéfices inconscients, essentiellement masochistes, qu'il peut tirer de tels liens. Nous verrons que cette interprétation est partielle car certains de ces conjoints n'avaient pas manifesté de tendances autopunitives auparavant et n'en manifesteront pas après, et qu'elle est dangereuse car, en venant renforcer la culpabilité du partenaire, elle ne l'aide absolument pas à trouver les moyens de sortir de cette situation contraignante.

L'origine de cette tolérance se retrouve bien plus souvent dans une loyauté familiale qui consiste, par exemple, à reproduire ce que l'un des parents a vécu, ou bien dans l'acceptation d'un rôle de personne réparatrice pour le narcissisme de l'autre, une sorte de mission où elle aurait à se sacrifier.

Benjamin et Annie se sont rencontrés il y a deux ans. Annie est alors engagée dans une relation frustrante avec un homme marié. Benjamin est jaloux de cet homme. Amoureux, il la supplie de rompre cette relation : il veut l'épouser et avoir des enfants avec elle. Annie rompt sans grande hésitation et va vivre avec lui, tout en gardant son appartement.

C'est à partir de ce moment que le comportement de Benjamin change. Il devient distant, indifférent, n'ayant de gestes tendres que lorsqu'il est en demande sexuelle. Annie veut d'abord des explications mais Benjamin nie qu'il y ait un changement dans son comportement. N'aimant pas les conflits, elle s'efforce de paraître gaie, quitte à y perdre quelque spontanéité. Si elle s'énerve, il semble ne pas comprendre et ne réagit pas.

Petit à petit elle se déprime.

Comme la relation ne s'améliore pas et qu'Annie s'étonne toujours du rejet de Benjamin, il finit par reconnaître que quelque chose s'est passé; il n'avait simplement pas supporté de la voir déprimée. Elle décide donc de soigner sa dépression qui semble cause de ses difficultés de couple et commence une psychothérapie. Annie et Benjamin font le même métier. Elle a beaucoup plus d'expérience. Souvent, il lui demande des conseils mais il refuse toute critique : « Ça ne sert à rien, j'en ai marre, je ne sais pas de quoi tu veux parler ! » À plusieurs reprises, il s'est approprié ses idées tout en niant son aide. Jamais il ne la remercie.

Si elle lui fait remarquer une erreur, il se justifie en disant que c'est sans doute sa secrétaire qui a mal noté. Elle fait semblant de le croire pour éviter une explication.

Il maintient toujours le plus grand mystère sur son emploi du temps, sur sa vie, sur son travail. Elle apprend par hasard, par des amis qui le félicitent, que Benjamin vient d'obtenir une promotion importante. Il lui ment en permanence, dit qu'il rentre de voyage d'affaires par tel train, alors que le billet qu'il laisse traîner montre que c'est faux.

En public, il reste très distant. Un jour, dans un cocktail, il vient vers elle et lui serre la main : « Mademoiselle X., qui fait tel métier », pour très vite la planter là toute seule. Quand elle lui demande ensuite des explications, il bredouille quelque chose sur le fait qu'il était très occupé.

Il lui reproche l'argent qu'elle dépense, même si elle

gagne sa vie, il voudrait qu'elle n'ait presque rien dans ses placards et il l'oblige à ranger ses chaussons comme une petite fille. Il se moque en public de ses pots de crème dans la salle de bains : « Je ne sais pas pourquoi tu te mets tous ces machins sur la figure ! » Annie se demande comment elle pourrait être affectueuse avec un homme qui calcule tout : ses gestes, ses paroles, son argent. Il ne supporte pas qu'on parle du couple : « Le mot couple, c'est ringard ! » Il refuse de s'engager vis-à-vis d'elle. Un jour, un clown les arrête dans la rue, voulant leur montrer un tour de magie, et dit à Benjamin : « C'est votre femme, n'est-ce pas ? » Benjamin ne répond rien et essaie d'échapper. Pour Annie : « Il n'a rien pu répondre parce que rien ne peut être pensé à ce sujet. Je ne suis ni sa femme, ni sa fiancée, ni sa petite amie. On ne peut rien dire à ce sujet parce que c'est trop lourd. »

Si elle insiste pour parler d'eux, il lui répond : « Tu crois vraiment que c'est le moment de dire ces choses-là ! »

D'autres sujets sont autant de blessures, comme par exemple son désir d'enfant. Lorsqu'ils rencontrent des amis qui ont des enfants, elle s'efforce de ne pas montrer trop d'enthousiasme devant les bébés, ce qui pourrait donner à penser à Benjamin qu'elle a envie d'un enfant. Alors elle prend un ton neutre comme si ce n'était pas important.

Benjamin veut maîtriser Annie. Il veut qu'elle soit une femme indépendante qui ne compte pas sur lui financièrement, mais en même temps il veut qu'elle soit soumise, sinon il angoisse et la rejette.

Dans les dîners, quand elle parle, il lève les yeux au ciel d'un air consterné. Au début elle se disait : « C'est sûrement idiot, ce que j'ai dit ! » et progressivement elle s'est censurée.

Pourtant, depuis le début de sa psychothérapie, elle a appris à ne pas accepter qu'il critique *a priori* tout ce qu'elle dit, même si cela occasionne des tensions.

Entre eux il n'y a pas de discussions, seulement des disputes quand elle en a assez, quand une goutte d'eau fait déborder le vase. Dans ce cas, elle s'énerve toute seule. Benjamin prend un air étonné et dit : « Encore une fois, tu vas me faire des reproches ! Bien sûr, pour toi, tout est de ma faute ! » Elle essaie de se justifier : « Je ne dis pas que c'est de ta faute, je voudrais juste qu'on parle de ce qui ne va pas ! » Il semble ne pas comprendre et réussit toujours à la faire douter d'elle-même et à l'amener à se culpabiliser. Se demander ce qui ne va pas entre eux, c'est comme dire : « C'est de ta faute. » Il ne veut pas l'entendre et clôt la discussion ou plutôt essaie d'échapper par une pirouette avant même qu'elle ait commencé.

« J'aimerais qu'il me dise ce qu'il n'aime pas en moi, cela permettrait une discussion ! »

Petit à petit, ils ont cessé de parler de politique car, quand elle argumentait, il se plaignait qu'elle ne soit pas de son avis. Ils ont cessé également de parler des succès professionnels d'Annie. Benjamin supportait mal ce qui pouvait lui faire de l'ombre.

Annie a conscience d'avoir renoncé à sa pensée propre, à son individualité, parce qu'elle craint que ce soit de pire en pire. Cela l'amène à faire en permanence des efforts pour que le quotidien soit supportable.

Parfois elle réagit et menace de partir. Il la retient par un discours double : « Je souhaite que notre relation se poursuive/Je ne peux pas te donner plus pour le moment. »

Elle est tellement en attente de lui qu'au moindre signe de rapprochement elle reprend espoir.

Annie sent bien que cette relation n'est pas normale mais, ayant perdu tout repère, elle se sent obligée de protéger et d'excuser Benjamin quoi qu'il fasse. Elle sait qu'il ne changera pas : « Ou je m'adapte ou je m'en vais ! »

Sur le plan sexuel ce n'est pas mieux car Benjamin n'a plus envie de faire l'amour. Elle essaie parfois d'en parler :

« On ne peut pas continuer à vivre ainsi !

— C'est comme ça, on ne peut pas faire l'amour sur commande.

— Qu'est-ce qu'on peut faire ? Qu'est-ce que je peux faire ?

— Il n'y a pas de solution à tout ! Tu veux tout régenter ! »

Quand elle s'approche de lui pour l'embrasser tendrement, il lui lèche le nez. Si elle proteste, il lui fait remarquer que, décidément, elle n'a pas le sens de l'humour.

Ce qui retient Annie ?

Si Benjamin était un monstre absolu, ce serait plus simple, mais il a été un amant tendre. S'il est comme ça, c'est qu'il va mal. Il peut donc changer. Elle peut donc le changer. Elle guette ce changement. Elle a l'espoir qu'un jour un fil se dénoue et qu'ils puissent enfin communiquer.

Elle se sent responsable du changement de Benjamin : il n'avait pas supporté qu'elle soit déprimée. Elle se sent également coupable de n'être pas assez séduisante (il avait plaisanté un jour devant des amis sur une tenue peu sexy d'Annie), pas assez bonne (il avait fait une allusion au fait qu'elle n'était pas généreuse) pour combler Benjamin.

Elle se dit aussi que rester avec lui dans ce couple insatisfaisant, c'est moins grave que de se retrouver seule, car Benjamin lui avait dit : « Si nous nous séparions, je trouverais tout de suite quelqu'un, mais toi, avec ton goût de la solitude, tu resterais toute seule ! » Et elle l'avait cru. Même si elle se sait beaucoup plus sociable que Benjamin, elle imagine que, seule, elle serait déprimée, ruminant ses regrets.

Ce qu'elle sait aussi, c'est que ses parents sont eux-mêmes dans un couple insatisfaisant, restés ensemble par devoir. Chez elle, la violence a été constante, mais larvée car c'était une famille où l'on ne nommait pas les choses.

La violence

La violence perverse apparaît dans les moments de crise quand un individu qui a des défenses perverses ne peut pas assumer la responsabilité d'un choix difficile. Elle est alors indirecte, essentiellement dans le non-respect de l'autre.

Monique et Lucien sont mariés depuis trente ans. Lucien a une liaison depuis six mois. Il l'annonce à Monique en lui disant qu'il ne peut pas choisir. Il souhaite rester en couple avec elle tout en poursuivant cette relation parallèlement. Monique refuse avec détermination. Son mari part.
Depuis, Monique est effondrée. Elle pleure tout le temps, ne dort plus, ne mange plus. Elle présente des manifestations psychosomatiques d'angoisse : sensation de sueurs froides, boule à l'estomac, tachycardie... Elle éprouve de la colère, pas contre son mari qui la fait souffrir, mais contre elle-même qui ne sait pas le retenir. Si Monique pouvait éprouver de la colère contre son mari, il lui serait plus facile de se défendre. Mais, pour éprouver de la colère, il faut déjà accepter de se dire que l'autre est agressif et violent, ce qui peut conduire à ne plus vouloir son retour. Il est plus facile quand on est dans un état de choc comme l'est Monique d'être dans le déni de la réalité des faits et de rester en attente, même si cette attente est faite de souffrance.
Lucien demande à Monique de continuer à déjeuner avec elle régulièrement pour maintenir le lien, sinon il risquerait de partir à jamais. Si elle s'éloigne, il l'oublie. Si elle se montre déprimée, cela ne lui donne pas envie de rester avec elle. Sur les conseils de son psychanalyste, il a même proposé à Monique qu'elle rencontre son amie, afin que « la parole circule » !
Pas un instant il n'apparaît qu'il se soit posé la question de la souffrance de sa femme. Il dit simplement qu'il en a marre de la voir avec cette tête de déterrée. En culpabilisant sa femme qui ne fait pas ce qu'il faut

pour le retenir, Lucien se décharge de la responsabilité de la décision de la séparation.

Le refus de la responsabilité d'un échec conjugal est souvent à l'origine d'une bascule perverse. Un individu, ayant un fort idéal de couple, présente des relations apparemment normales avec son partenaire jusqu'au jour où il doit faire le choix entre cette relation et une nouvelle rencontre. La violence perverse sera d'autant plus forte que l'idéal de couple était grand. Il n'est pas possible d'accepter cette responsabilité qui doit être entièrement portée par l'autre. S'il y a un retrait d'amour, le partenaire en est tenu pour responsable, pour une faute qu'il aurait commise et qui n'est pas nommée. Ce retrait d'amour est le plus souvent nié verbalement, tout en étant agi.

La prise de conscience de la manipulation ne peut que mettre la victime dans un état d'angoisse terrible qu'elle ne peut évacuer puisqu'elle n'a pas d'interlocuteur. En plus de la colère, les victimes à ce stade éprouvent de la honte : honte de n'avoir pas été aimées, honte d'avoir accepté ces humiliations, honte d'avoir subi.

Parfois il ne s'agit pas d'un mouvement pervers transitoire, mais de la révélation d'une perversité jusqu'alors occultée. La haine qui était masquée apparaît au grand jour, très proche d'un délire de persécution. Les rôles sont ainsi inversés, l'agresseur devient l'agressé et la culpabilité reste toujours du même côté. Pour que cela soit crédible, il faut disqualifier l'autre en le poussant à un comportement répréhensible.

Anna et Paul, tous deux architectes, se rencontrent au travail. Très vite, Paul prend la décision de s'installer chez elle, mais il fait en sorte de garder une distance affective pour ne pas s'engager vraiment. Il refuse les mots doux, les gestes tendres en public, se moquant des amoureux qui se tiennent par la main.

Paul a beaucoup de difficulté à exprimer quelque chose de personnel. Il donne l'impression de plaisanter sans arrêt, ironisant sur tout, tournant tout en dérision. Cette stratégie lui permet de se cacher et de ne pas s'impliquer.

Il tient aussi des discours extrêmement misogynes : « Les femmes sont castratrices, futiles, insupportables, mais on ne peut pas s'en passer ! »

Anna prend la froideur de Paul pour de la pudeur, sa rigidité pour de la force, ses sous-entendus pour du savoir. Elle croit que son amour saura l'attendrir, qu'une fois rassuré par la vie de couple, il se montrera moins dur.

Entre Anna et Paul s'établit la règle implicite qu'il ne faut pas trop d'intimité affichée. Anna accepte cette règle, lui donne une justification et par conséquent la cautionne. Son désir d'établir une relation plus intime étant plus fort que celui de Paul, c'est à elle de faire les efforts nécessaires pour que la relation se poursuive.

Paul justifie sa dureté par une enfance difficile, mais il laisse planer un certain mystère en apportant des informations partielles et même contradictoires : « Personne ne s'est occupé de moi quand j'étais petit. S'il n'y avait pas eu ma grand-mère pour me recueillir... » « Mon père n'est peut-être pas mon père ! »

En se présentant d'emblée en victime, il amène ainsi Anna à s'apitoyer sur lui et à lui manifester plus d'intérêt ou d'indulgence. Elle, qui avait tellement besoin d'être réparatrice, est rapidement séduite par ce petit garçon à consoler.

Il est de ces personnes qui « savent ». Il a des opinions radicales sur tout : la politique, le devenir du monde, qui est un con et qui ne l'est pas, ce qu'il faut faire et ne pas faire... Le plus souvent, il se contente de suggérer qu'il sait, en commençant une phrase qu'il laisse en suspens ou même en hochant simplement la tête en silence.

Avec un très grand art, il sert de miroir aux insécurités

d'Anna. Anna est quelqu'un qui doute. N'étant pas sûre d'elle, elle ne juge pas les autres mais, au contraire, quoi qu'ils fassent, elle leur trouve des circonstances atténuantes. Elle cherche toujours à nuancer ses opinions, ce que Paul appelle se compliquer la vie. Petit à petit, Anna gomme en présence de Paul ses principales aspérités pour être plus conforme à ce qu'il attend d'elle ou plutôt à ce qu'elle croit qu'il attend. Elle évite d'insister et change ses habitudes.

Leur rencontre se fait donc sur ce mode : il sait — elle doute. Elle trouve reposant de s'appuyer sur les certitudes d'un autre. Il la sent docile et prête à accepter ses certitudes.

Depuis le début de leur relation, Paul s'est toujours montré très critique à l'égard d'Anna. Il procède par petites touches déstabilisantes, de préférence en public, à un moment où elle ne peut rien répondre. Quand elle essaie d'en reparler plus tard, il lui dit froidement qu'elle est rancunière et qu'elle fait des histoires pour pas grand-chose. Cela part d'une chose anodine, voire d'une chose intime, que Paul décrit avec exagération, prenant parfois un allié dans l'assemblée : « Vous ne trouvez pas qu'Anna écoute des musiques ringardes ? » « Vous ne saviez pas qu'elle dépense de l'argent à s'acheter des crèmes pour raffermir des seins qui n'existent pratiquement pas ! » « Elle n'a pas compris ça ! C'est pourtant à la portée de tout le monde ! »

S'ils partent en week-end avec des amis, il exhibe le sac d'Anna en disant : « Elle me prend pour un déménageur ! Et pourquoi pas la baignoire ? »

Si Anna proteste : « Qu'est-ce que ça peut te faire, je porte moi-même mon sac ! », Paul réplique : « Oui, mais si tu es fatiguée, je serai obligé de le porter sous peine d'avoir l'air d'un goujat. Tu n'as pas besoin de trois tubes de rouge à lèvres et de deux tenues de rechange ! »

Il généralise ensuite sur la duplicité des femmes qui conduit les hommes à intervenir pour les aider.

Ce qui compte, c'est d'embarrasser Anna. Elle perçoit l'hostilité, mais n'en est pas sûre, car Paul dit tout cela d'un ton mi-figue mi-raisin, semblant plaisanter. L'hostilité n'est pas forcément perçue par l'entourage, et Anna ne peut répondre sans paraître dépourvue de sens de l'humour.

Paul est d'autant plus critique qu'Anna est en position de supériorité, par exemple lorsque quelqu'un lui fait un compliment. Elle sait très bien qu'il est complexé face à son aisance en société et aussi par le fait qu'elle réussit mieux professionnellement et qu'elle gagne plus d'argent. Lorsqu'il la critique, il ajoute : « Ce n'est pas un reproche, c'est une constatation. »

La violence apparaît au grand jour quand Paul décide de s'installer en libéral avec une jeune associée. Ses manœuvres stratégiques pour déstabiliser Anna se font plus franches.

Cela se manifeste d'abord par une mauvaise humeur permanente qu'il justifie par des problèmes d'organisation et des soucis d'argent. Il rentre le plus souvent juste avant Anna le soir, s'installe dans un fauteuil avec un verre devant la télévision. Quand Anna rentre, il ne répond pas à son bonjour, mais demande sans tourner la tête : « Qu'est-ce qu'on mange ? » (Il s'agit là d'une manœuvre fort classique pour transférer la mauvaise humeur sur l'autre.)

Il ne fait pas de reproches directs mais laisse tomber une petite phrase anodine qu'il faut ensuite interpréter, car elle est dite sur un ton de reproche. Si Anna essaie d'expliciter ce qui vient d'être dit, il échappe et nie toute intention agressive.

Il se met à l'appeler « mémé ». Quand elle s'en plaint, il change le sobriquet en « grosse mémé », disant : « Comme tu n'es pas grosse, tu ne peux pas le prendre pour toi ! »

En essayant de nommer sa souffrance, Anna se trouve confrontée à un mur. Il bloque, elle insiste, il devient encore plus dur. Immanquablement, elle finit par s'énerver et Paul peut ensuite lui démontrer qu'elle n'est qu'une mégère agressive. Elle n'arrive jamais à avoir le recul suffisant pour désamorcer une violence qu'elle ne comprend pas.

À la différence des scènes de ménage classiques, il n'y a pas vraiment de combat, mais pas non plus de réconciliation possible. Paul n'élève jamais le ton, il manifeste seulement une hostilité froide, qu'il nie si on lui en fait la remarque. Anna, devant cette impossibilité de dialoguer, s'énerve et crie. Alors il se moque de sa colère : « Calme-toi ma pauvre cocotte ! », et elle se sent ridicule.

L'essentiel de la communication se passe dans le regard. Regards de haine de la part de Paul, regards de reproche et de peur de la part d'Anna.

Le seul fait concret est le refus sexuel de Paul. Quand elle lui demande d'en parler, ce n'est jamais le bon moment. Le soir il est crevé, le matin il est pressé, dans la journée il a quelque chose à faire. Elle décide de le coincer en l'invitant au restaurant. Là, elle commence à parler de sa souffrance. Paul l'interrompt immédiatement sur un ton de fureur glacée : « Tu ne vas tout de même pas me faire une scène dans un restaurant, surtout sur un sujet pareil. Décidément, tu manques complètement de tenue ! »

Anna se met à pleurer ce qui met Paul hors de lui : « Tu n'es qu'une dépressive qui râle tout le temps ! » Plus tard, Paul se justifie autrement : « Comment peut-on faire l'amour avec toi, tu es une horreur, une mégère castratrice ! »

Plus tard, il va même jusqu'à lui dérober un agenda professionnel qui est essentiel pour sa comptabilité. Anna commence par chercher, puis demande à Paul s'il l'a vu : personne d'autre n'est entré dans la pièce où elle est sûre de l'avoir laissé. Paul lui répond qu'il ne l'a pas vu et qu'elle n'a qu'à ranger mieux ses affaires. Son regard est tellement chargé de haine qu'elle se sent glacée de peur, sidérée. Elle comprend que c'est effectivement lui qui l'a dérobé, mais elle a trop peur de la violence manifeste qui peut surgir si elle insiste.

Ce qui est terrible c'est qu'elle ne comprend pas. Elle cherche des explications : veut-il seulement lui nuire directement par la gêne que cela peut lui causer ?

Est-ce de l'envie ? Le besoin de vérifier qu'elle travaille plus que lui ? Ou bien espère-t-il trouver dans cet agenda une faille qu'il pourra ensuite utiliser contre elle ?

Ce qu'elle sent, sans aucun doute possible, c'est que c'est malveillant. Cette pensée est si terrible qu'elle la chasse, refusant d'y croire, et la peur se transforme en angoisse physique qu'elle retrouve dès qu'elle croise ce même regard de Paul.

À ce stade, Anna sent très nettement que Paul veut l'anéantir. À défaut de lui mettre de l'arsenic à petites doses dans son café, comme dans les romans policiers anglais, il essaie de la casser psychologiquement.

Pour ne pas être atteint par la souffrance d'Anna, il l'a chosifiée. Il la regarde froidement sans aucune émotion. Alors évidemment ses larmes paraissent ridicules. Ce qu'Anna ressent, c'est qu'elle n'existe pas face à Paul. Sa souffrance et ses larmes ne sont pas entendues ou, plus exactement, elles n'existent pas. De tels échecs de dialogue déclenchent chez elle des colères terribles qui, ne pouvant pas être déchargées, se transforment en angoisse. Elle essaie alors de dire qu'elle préfère une séparation à cette souffrance quotidienne, mais il n'est possible d'aborder ce sujet que dans les moments de crise où, de toute façon, quoi qu'elle dise, elle n'est pas entendue. Le reste du temps, elle retient son souffle pour ne pas introduire une tension supplémentaire juste aux moments où la vie est encore supportable.

Anna écrit alors à Paul. Elle essaie de lui faire comprendre sa souffrance face à cette situation et son désir de trouver une solution. La première fois, ayant déposé la lettre sur le bureau de Paul, elle attend qu'il lui en parle. Comme il ne dit rien, elle ose lui demander ce qu'il en pense. Il répond froidement : « Je n'ai rien à dire à ça ! » Anna se dit qu'elle n'a pas dû être assez claire. Elle lui écrit une plus longue lettre, qu'elle retrouve dans la corbeille à papiers le lendemain. Elle essaie, en s'énervant, d'obtenir des explications. Il lui renvoie qu'il n'a pas à répondre aux demandes d'une excitée comme elle.

Quoi qu'elle fasse, Anna n'est pas entendue. Est-ce son langage qui n'est pas le bon? À partir de ce jour, elle fait une photocopie des lettres qu'elle lui adresse.

Paul est imperméable à la souffrance d'Anna, il ne la voit même pas. Cela est intolérable pour Anna qui, angoissée, devient encore plus maladroite. Ses erreurs sont interprétées comme des fautes qu'il faut corriger, ce qui justifie la violence. Elle est simplement dangereuse pour lui. Elle doit donc être « cassée ».

Face à cette violence réciproque, la réaction de Paul est l'évitement, celle d'Anna est une tentative stéréotypée de dialogue.

Elle prend alors la décision de se séparer de Paul.

« Si je comprends bien, tu me mets dehors sans un rond!

— Je ne te mets pas dehors, je dis que je ne peux plus supporter cette situation. Tu n'es pas sans un rond, tu travailles comme moi et quand nous organiserons le partage, tu auras la moitié de nos biens.

— Où vais-je aller? Tu es décidément mauvaise! À cause de toi je vais être obligé de vivre dans un taudis! »

Anna se culpabilise en se disant que si Paul est si violent, c'est parce qu'il souffre de se séparer de ses enfants.

Après la séparation, lors du retour du premier weekend avec leur père, Anna les rencontre dans la rue. Ils disent qu'ils ont passé une bonne journée avec Sheila, l'associée de leur père. Elle voit à ce moment-là sur le visage de Paul un sourire de triomphe qu'elle ne comprend pas immédiatement.

À la maison, les enfants veulent lui raconter à quel point papa est amoureux. Il a passé la journée à embrasser Sheila sur la bouche et à lui peloter les seins et les fesses. N'ayant pas le courage d'annoncer directement à Anna qu'il a une amie, il continue à faire passer les messages de façon indirecte en se servant des enfants. Par ce qu'il leur a donné à voir de son intimité avec Sheila, il sait qu'il va susciter la jalousie d'Anna, mais il sera loin et n'aura rien à craindre des reproches qu'Anna ne peut que justement lui faire. Il place ainsi les enfants au premier plan pour absorber la tristesse ou la rancœur de leur mère, ne manifeste aucun respect ni pour la mère ni pour les enfants.

Anna perd pied. Plus elle se débat, plus elle s'enfonce. Elle oscille entre l'angoisse et la rage, ne pouvant rien faire et rien dire, elle craint de faire n'importe quoi. Devant l'intensité de sa douleur, elle ne lutte plus, se laisse couler, submerger.

Auprès des amis et de sa famille, Paul fait savoir qu'Anna l'a mis à la porte de chez lui et que c'est dur matériellement et financièrement pour lui. Refusant ce rôle de mauvaise qu'il veut lui faire jouer, Anna essaie de se justifier, reprenant en cela une méthode qui pourtant n'a pas marché quand ils étaient encore ensemble, à savoir lui écrire et lui expliquer ce qu'elle ressent. Ayant trop peur d'attaquer Paul directement, elle reporte la faute sur la maîtresse, Sheila, qui a profité d'un pauvre homme en crise conjugale pour le séduire. Par cette interprétation, elle tombe dans le piège de Paul qui essaie de se maintenir hors du champ de la colère ou de la haine. Il esquive et met les deux rivales face à face au lieu d'assumer la situation. Anna reste toujours docile et protectrice et n'affronte pas Paul.

Une seule fois, elle ose l'attaquer directement. Elle se rend chez lui, entre de force et dit tout ce qu'elle n'a pas eu l'occasion de dire. C'est sa seule vraie scène de ménage, la seule confrontation avec Paul : « Tu es folle, on ne parle pas avec les fous ! » Quand Paul veut la sortir de force, elle le griffe, puis part en pleurant. Bien sûr, cette scène est immédiatement utilisée par Paul contre Anna. Elle reçoit une semonce de son avocat. Paul fait ensuite savoir partout qu'Anna est folle et violente. Elle reçoit des reproches de la mère de Paul : « Ma petite Anna, il faut vous calmer, votre comportement est inadmissible ! »

Les avocats d'Anna et de Paul négocient pour régler le partage des biens. Anna choisit un avocat qu'elle sait ne pas être polémique, ayant à l'esprit qu'il faut surtout calmer Paul pour qu'il ne s'engage pas dans une longue procédure. Dans sa volonté d'être conciliante, elle ne discute pas, apparaissant ainsi toute-puissante, donc encore plus menaçante.

Alors qu'il était convenu qu'un inventaire serait fait, Anna apprend tout à fait par hasard, peu avant les vacances, que Paul a vidé la maison de campagne. Il n'a laissé que quelques meubles qui appartiennent à la famille d'Anna et les lits des enfants. Elle baisse alors les bras, pensant que, quand les choses matérielles seront réglées, Paul cessera de l'agresser. Mais il ne s'arrête pas pour autant.

Elle reçoit ensuite, dans les échanges de courriers concernant les enfants, des remarques indirectes de Paul mettant en doute son honnêteté. Les premiers temps, elle se justifie, expliquant que tout a été négocié par les avocats et fait devant notaire, puis elle comprend que cela ne sert à rien, qu'il faut qu'elle soit coupable de quelque chose. Un jour, un de ses enfants lui dit : « Papa dit à tout le monde que tu lui as tout pris, peut-être que c'est vrai. Qu'est-ce qui nous dit que tu n'es pas malhonnête ? »

Dans ce cas clinique, on voit que Paul ne peut pas assumer la responsabilité de la rupture. Il fait en sorte qu'Anna en prenne l'initiative, qu'elle le « chasse » et soit ainsi responsable de l'échec du couple. De toute façon, elle est coupable de tout, elle est le bouc émissaire qui évite à Paul de se remettre en question. Anna aurait pu avoir une réaction violente devant cette trahison, auquel cas elle aurait été qualifiée de violente. Au contraire, elle s'effondre, et est considérée comme folle, dépressive. Dans tous les cas elle est en faute. Puisqu'elle ne se met pas en faute par des réactions excessives, il ne reste que les insinuations et la médisance pour la disqualifier.

Il faut amener Anna à accepter que, quoi qu'elle fasse, elle sera toujours un objet de haine pour Paul, accepter qu'elle ne peut rien faire pour modifier cette relation, accepter son impuissance. Il suffit donc qu'elle ait une image suffisamment bonne d'elle-même pour que les agressions de Paul ne remettent pas en question son identité. Ainsi, si elle cesse d'avoir peur de son agresseur, elle sort du jeu et peut peut-être désamorcer l'agression.

Pour Paul, tout se passe comme si, pour pouvoir aimer quelqu'un, il lui faut haïr quelqu'un d'autre. Il y a chez chacun de nous une pulsion de mort destructrice. Un des moyens de se débarrasser de cette pulsion de mort interne consiste à la projeter à l'extérieur sur quelqu'un d'autre. Certains individus pratiquent ainsi un clivage entre les « bons » et les « mauvais ». Il ne fait pas bon être dans le camp des mauvais.

Pour pouvoir idéaliser un nouvel objet d'amour et maintenir la relation amoureuse, un pervers a besoin de projeter tout ce qui est mauvais sur le partenaire précédent devenu bouc émissaire. Tout ce qui est obstacle à une nouvelle relation amoureuse doit être détruit comme objet gênant. Ainsi, pour qu'il y ait amour, il faut qu'il y ait de la haine quelque part. La nouvelle relation amoureuse se construit sur la haine du partenaire précédent.

Lors des séparations, ce processus n'est pas rare, mais le plus souvent la haine s'estompe peu à peu, en même temps que s'estompe l'idéalisation du nouveau partenaire. Mais Paul, qui a une image très idéalisée du couple et de la famille, accentue au contraire ce processus dans le but de protéger sa nouvelle famille. Sheila, consciemment ou non, sent que cette haine protège sa relation avec Paul et ne fait rien pour y mettre fin. Peut-être même fait-elle en sorte d'activer ce phénomène protecteur pour son couple.

Anna, par une sorte de naïveté naturelle, croit que le fait d'être amoureux suffit à rendre heureux, généreux, « meilleur ». Elle ne comprend donc pas que Paul aime ailleurs. Elle pense seulement que si Paul la rejette ainsi, c'est qu'elle n'est pas suffisamment « bien », c'est-à-dire conforme à ce qu'il attend. Au contraire, chez les pervers, l'amour doit être clivé et entouré de haine.

La séparation

Les procédés pervers sont utilisés très habituellement lors des divorces ou des séparations. Il s'agit alors d'un procédé défensif que l'on ne peut pas d'emblée considérer comme pathologique. C'est l'aspect répétitif et unilatéral du processus qui amène l'effet destructeur.

Lors des séparations, le mouvement pervers, jusqu'alors sous-jacent, s'accentue, la violence sournoise se déchaîne, car le pervers narcissique sent que sa proie lui échappe. La séparation ne vient pas interrompre la violence, elle se poursuit à travers les quelques liens relationnels qui peuvent exister, et quand il y a des enfants elle passe à travers eux. Pour J.-G. Lemaire, « certaines conduites vindicatives après séparation ou divorce peuvent se comprendre dans ce cadre, comme si un individu, pour ne pas se haïr soi-même, avait besoin d'écouler toute sa haine sur un autre ayant autrefois fait partie de soi[1] ».

Cela constitue ce que les Américains appellent *stalking,* c'est-à-dire le harcèlement. Le harcèlement est le fait d'anciens amants ou conjoints qui ne

1. J.-G. LEMAIRE, *Le Couple : sa vie, sa mort,* Payot, Paris, 1979.

veulent pas lâcher leur proie, envahissent leur « ex » de leur présence, l'attendent à la sortie de son travail, lui téléphonent le jour et la nuit, avec des paroles de menaces directes ou indirectes.

Le *stalking* a été pris au sérieux par certains États qui prévoient des *protective orders* (ordres de protection civile), comme pour les violences conjugales directes, car il a été établi que ce harcèlement, pour peu que la victime réagisse, peut conduire à des violences physiques.

Les divorces d'avec un pervers narcissique, quel que soit celui qui est à l'initiative de la séparation, sont presque toujours violents et procéduriers. Les pervers maintiennent le lien par le biais des lettres recommandées, des avocats, de la justice. On continue à parler de ce couple, qui n'existe plus, à travers les procédures. Plus la pulsion d'emprise est forte, plus grands sont le ressentiment et la colère. Les victimes se défendent mal, surtout si elles se croient à l'initiative de la séparation, ce qui est souvent le cas, leur culpabilité les porte à se montrer généreuses espérant ainsi échapper à leur persécuteur.

Les victimes savent rarement utiliser la loi, alors que l'agresseur, étant très proche d'une structure paranoïaque, saura faire les procédures nécessaires. En France, la notion de divorce pour faute peut théoriquement être retenue lorsqu'il existe une action perverse de l'un des conjoints. Mais comment tenir compte de manœuvres subtiles jouant sur la culpabilité de l'autre ? Le demandeur en divorce doit faire la preuve des faits qu'il invoque à l'appui de son action. Comment prouver une manipulation perverse ?

Il n'est pas rare que le pervers, ayant poussé son partenaire à la faute, se serve ensuite de ce passage à l'acte pour obtenir le divorce à son profit. En principe, le divorce ne peut être retenu aux torts exclusifs d'un conjoint quand les torts de l'un peuvent être excusés par le comportement de l'autre. Dans la réalité, craignant d'être eux-mêmes manipulés et ne sachant pas qui manipule qui, les juges jouent la prudence et maintiennent ces situations de violence perverse en place.

Dans une manœuvre perverse, le but est de déstabiliser l'autre et de le faire douter de lui-même et des autres. Pour cela, tout est bon, les sous-entendus, le mensonge, les invraisemblances. Pour ne pas se laisser impressionner, il faut que le partenaire n'ait aucun doute sur lui-même et sur les décisions à prendre, et ne tienne pas compte des agressions. Cela oblige à être sans arrêt sur le qui-vive dans les contacts avec l'ex-conjoint.

Éliane et Pierre se séparent après dix ans de vie commune et trois enfants. Le divorce est demandé par Éliane qui se plaint de la violence de son mari. Devant le juge, Pierre exprime ce qui sera la réalité des années à venir : « Désormais, mon seul but dans la vie sera d'emmerder Éliane ! »
À partir de ce jour, il refuse toute communication directe avec elle. Les échanges se passent par lettre recommandée ou par avocats interposés. Quand, téléphonant à ses enfants, il tombe sur elle, il dit simplement : « Passez-moi les enfants ! » S'ils se croisent par hasard dans la rue, non seulement il ne répond pas à son bonjour, mais il laisse son regard flotter à travers elle, comme si elle était transparente. Par cette négation du regard, il fait comprendre à Éliane, sans pour autant le dire avec des mots, qu'elle n'existe pas, qu'elle n'est rien.
Comme c'est souvent le cas chez les couples divorcés de ce type, un harcèlement insidieux se met en place à travers les échanges concernant les enfants, l'organisation des vacances, la santé, la scolarité. Chaque lettre

de Pierre est une petite agression, apparemment anodine mais déstabilisante.

À un courrier d'Éliane annonçant la réévaluation annuelle de la pension alimentaire, il répond : « Étant donné ta malhonnêteté coutumière, tu permettras que j'en parle à mon avocat ! » Quand elle envoie une lettre recommandée (faute de quoi il ne répond pas) : « Il faut être fou ou/et malhonnête pour envoyer une lettre recommandée tous les huit jours ! »

À une lettre l'interrogeant sur la répartition des week-ends de mai, il répond : « Le week-end des 7 et 8 mai est bien le premier week-end du mois de mai. Compte tenu de ce qui s'est déjà passé, mon avocat m'a conseillé de t'avertir officiellement que je serai amené à déposer une plainte pour non-présentation d'enfant si tu ne respectes pas le calendrier. »

Ces lettres amènent à chaque fois Éliane à s'interroger : « Qu'est-ce que j'ai fait ? » Même si elle pense n'avoir rien à se reprocher, elle cherche néanmoins s'il n'y a pas des faits qu'elle pourrait ne pas avoir notés mais que Pierre aurait mal interprétés. Au début, elle se justifie, puis elle se rend compte que plus elle se justifie, plus elle paraît coupable.

À toutes ces agressions indirectes, Éliane réagit par la violence, mais, Pierre étant hors d'atteinte, cela se passe devant les enfants qui la voient pleurer ou hurler comme une folle.

Éliane se veut irréprochable. Or, pour Pierre, elle est coupable, de tout, de n'importe quoi. Elle est devenue bouc émissaire, responsable de la séparation et de toutes ses conséquences. Ses justifications ne sont que de pitoyables et inutiles efforts.

À toutes les insinuations de Pierre, il est impossible à Éliane de répondre puisqu'elle ne sait pas à quoi il fait référence. Il n'y a pas de justification possible. Elle est coupable de quelque chose qui n'est pas nommé mais que tous deux sont supposés connaître. Si elle parle de ces échanges malveillants à sa famille ou à ses amis, ceux-ci banalisent : « Il va se calmer, ce n'est pas grave ! »

Pierre refuse toute communication directe avec Éliane. Si elle lui écrit pour l'avertir d'un fait important concernant les enfants, il ne répond pas. Si elle choisit de lui téléphoner, soit il raccroche : « Je ne souhaite pas te parler ! », soit il l'injurie sur un ton froid. Par contre, si elle prend des décisions sans l'informer, il fait savoir immédiatement par lettre recommandée ou par son avocat qu'il est en désaccord avec cette décision, et il s'arrange ensuite, en faisant pression auprès des enfants, pour faire échouer la démarche. De cette façon, Pierre paralyse Éliane dans ses décisions concernant les enfants. Non content de montrer qu'elle est mauvaise femme, il doit montrer aussi qu'elle est mauvaise mère. Peu importe pour lui qu'en agissant ainsi il déstabilise aussi ses enfants.

À chaque décision importante concernant les enfants, Éliane hésite sur la façon de demander l'avis de Pierre sans que cela crée un conflit, puis finit par envoyer une lettre dont elle a pesé chaque mot. Il ne répond pas. Elle prend seule la décision. Plus tard arrive une lettre recommandée : « Cela a été engagé à ta demande sans que l'on m'ait demandé mon avis et sans m'en avertir. Il convient de te rappeler que j'exerce l'autorité parentale en commun avec toi pour nos trois enfants et qu'en conséquence tu ne peux pas prendre de décision sans m'avoir consulté. » Le même discours est tenu auprès des enfants qui ne savent plus qui décide pour eux. Généralement, les projets ainsi présentés tombent à l'eau.

Quelques années après leur séparation, elle doit prendre une décision importante concernant un enfant. Elle écrit et, comme d'habitude, n'a pas de réponse. Elle décide alors de téléphoner. Elle sait immédiatement que rien n'a changé :

« Tu as lu mon courrier, es-tu d'accord ?

— Avec une mère telle que toi, on ne peut rien faire, ce n'est pas la peine d'essayer, tu feras en sorte que ça se passe comme tu veux, tu fais toujours ce que tu veux, et les enfants font tout ce que tu veux ! De toute façon, tu n'es pas perfectible, tu es une voleuse et une menteuse qui passe son temps à injurier les gens, il n'y a que ça qui t'intéresse, tu ne sais faire que ça !

— Mais là, je ne t'injurie pas, je te demande calmement si nous pouvons ensemble faire quelque chose concernant nos enfants.

— Tu ne l'as pas encore fait parce que tu n'as pas encore eu l'occasion, mais ça ne va pas tarder, tu ne changes pas, tu ne changeras pas, tu n'es qu'une c..., oui une c... qu'est-ce que tu veux, c'est comme ça, il n'y a pas d'autres mots.

— Là, c'est toi qui m'injuries !

— Je ne fais que dire la réalité, à savoir que tu n'as pas évolué, que tu n'es pas capable de te remettre en question. Il n'est pas question que j'accepte ta décision. Je désapprouve cela complètement. D'ailleurs, je désapprouve la façon dont les enfants sont élevés, je désapprouve les gens qui les élèvent, je désapprouve la façon dont ils sont habillés.

— Quoi que tu penses de moi, il s'agit là de nos enfants. Que proposes-tu ?

— Je ne propose rien parce qu'avec toi il n'y a rien à proposer, rien ne changera parce que tu ne changeras pas. Je pense que c'est important de parler avec les gens, mais pas avec toi parce que tu n'es pas perfectible. Tu n'es même pas capable de reconnaître ce que tu dis, tu dis tout le temps n'importe quoi.

— Mais il faut que nous prenions une décision concernant nos enfants !

— Eh bien adresse-toi à Dieu, il faut parler avec ses égaux ! Je n'ai pas ses coordonnées parce que moi, je n'ai pas l'habitude de lui téléphoner ! Je n'ai plus rien à te dire. Je réfléchirai et je te donnerai peut-être une réponse. Mais, de toute façon, ça ne sert à rien, parce que ce n'est pas ce que tu veux, et tu ne fais que ce que tu veux. De toute façon, ça ne marchera pas !

— Mais tu disqualifies tout à l'avance !

— Oui car avec toi rien ne peut marcher. Et d'ailleurs je ne veux pas discuter avec toi. Tu ne m'intéresses pas ; ce que tu as à dire ne m'intéresse pas. Au revoir, madame ! »

Voyant le tour que prenait la conversation, Éliane enregistre la communication et, ne pouvant en croire ses oreilles, elle vient ensuite en thérapie avec son enregistrement. Elle n'arrive pas à savoir si c'est elle qui est folle en ressentant une telle violence ou si Pierre a encore, cinq ans après la séparation le même désir de l'anéantir.

Éliane avait eu raison d'enregistrer cette conversation. Cela lui avait donné de la distance. Comme toutes les victimes d'un tel harcèlement, elle n'arrive pas à croire qu'on puisse la haïr à ce point sans raison cohérente. Dans cet échange, on voit bien que pour bloquer la situation tout est bon à Pierre, injures, sarcasmes. Il essaie de montrer la nullité d'Éliane, la rendant responsable à l'avance de l'échec de toute démarche. Par là même, il bloque tout changement, y compris pour ses enfants, sans doute parce que le changement pourrait le déstabiliser lui. Ce qui apparaît aussi, c'est l'envie. Pierre envie Éliane parce qu'il l'imagine de manière infantile dans la toute-puissance des mères (les enfants font tout ce que tu veux). Une mère tellement puissante qu'elle côtoie les dieux, et lorsqu'il dit cela ce n'est pas comme une figure de rhétorique, mais plutôt l'expression d'un délire.

En entendant ces paroles violentes dites sur un ton glacial, je ne pus que conseiller la prudence à Éliane, sachant que cette haine ne s'arrêterait jamais. Il s'agit d'un processus autonome qui, une fois enclenché, se perpétue dans le registre des convictions délirantes. La raison et les raisonnements n'y changeront rien. Seule la loi peut limiter la portée de la violence car le pervers narcissique tient à garder une apparence de légitimité. Bien sûr, un enregistrement n'a aucune valeur juridique puisqu'il est interdit d'enregistrer les conversations privées sans l'accord de l'intéressé. C'est bien dommage car la violence perverse s'exprime tout particulièrement au téléphone. Pas de regard, pas de corps physique, l'agresseur peut utiliser son arme favorite, les mots, pour blesser sans laisser de traces.

Le refus de communication directe est l'arme absolue des pervers. Le partenaire se trouve obligé de faire les demandes et les réponses et, s'avançant à découvert, évidemment commet des erreurs qui sont relevées par l'agresseur pour pointer la nullité de la victime.

Le recours à des lettres recommandées agressives dans le sous-entendu ou l'allusion est une manœuvre habile pour déstabiliser sans trace. Un lecteur extérieur (psychologue, juge), à partir de ces écrits, ne peut qu'imaginer un échange acrimonieux banal entre deux ex-époux. Or il ne s'agit pas d'échange. C'est une agression unilatérale où l'agressé est empêché de réagir et de se défendre.

Ces agressions perverses viennent déstabiliser la famille. Les enfants, les témoins ne peuvent pas imaginer que cette malveillance soit gratuite. La victime y est forcément pour quelque chose. Dans le cas d'Éliane, même si elle entretient d'excellentes relations avec ses enfants, chaque lettre vient apporter de la tension ou de l'agressivité : « Il y en a marre que tu sois de mauvaise humeur quand tu reçois une lettre recommandée de papa ! » En même temps, eux-mêmes sont sur le qui-vive dans chaque situation susceptible d'entraîner une lettre recommandée, sorte de colis piégé qui vient semer la violence à distance. L'agresseur peut dire qu'il n'y est pour rien, qu'il a les mains propres. C'était la faute de son ex-femme qui est folle, ne sait pas se contrôler ni élever les enfants.

L'histoire d'Éliane et de Pierre pour l'instant en

est là. Mais c'est une histoire sans fin car un vrai pervers ne lâche jamais sa proie. Il est persuadé qu'il a raison, il n'a ni scrupule ni remords. Les personnes ciblées doivent en permanence être irréprochables et sans faille trop visible, sous peine de voir surgir une nouvelle attaque perverse.

Éliane a mis longtemps à comprendre que cette situation ne résulte pas de malentendus consécutifs à une séparation passionnelle, mais d'un comportement pathologique de Pierre, qui entraîne chez elle un comportement pathologique. Étant donné qu'il n'y a pas de dialogue possible entre eux, ils sont entraînés l'un et l'autre dans un cercle infernal, destructeur pour eux mais aussi pour les enfants. À ce stade de fonctionnement, il faut une intervention extérieure pour enrayer le processus.

Éliane s'est longtemps posé cette question : « En quoi suis-je responsable, par mon comportement ou par ce que je suis, de cette attitude ? » Elle comprend maintenant que Pierre ne fait que reproduire ce qu'il a lui-même subi dans son enfance, ce qu'il a vu en action dans sa propre famille, et qu'elle-même a eu du mal à sortir du rôle réparateur qui lui avait été assigné quand elle était enfant. Elle avait été attirée par le côté petit garçon malheureux, qu'il fallait consoler, de Pierre. Elle est maintenant piégée par cela même qui l'avait séduite.

La violence perverse dans les familles

La violence perverse dans les familles constitue un engrenage infernal qu'il est difficile d'endiguer puisqu'il tend à se transmettre d'une génération à l'autre. On est là dans le registre de la maltraitance psychologique qui échappe souvent à la vigilance de l'entourage mais qui fait de plus en plus de ravages.

Parfois, cette maltraitance prend le masque de l'éducation. Alice Miller[1], parlant de pédagogie noire, a dénoncé les méfaits de l'éducation traditionnelle qui a pour but de briser la volonté de l'enfant pour en faire un être docile et obéissant. Les enfants ne peuvent réagir, étant donné que « la force et l'autorité écrasante des adultes les rendent muets et peuvent même leur faire perdre conscience[2] ».

La convention internationale des droits de l'enfant considère comme mauvais traitement psychologique à enfants :

— la violence verbale,
— les comportements sadiques et dévalorisants,
— le rejet affectif,
— les exigences excessives ou disproportionnées par rapport à l'âge de l'enfant,
— les consignes et injections éducatives contradictoires ou impossibles.

Cette violence, qui n'est jamais anodine, peut être indirecte et n'atteindre les enfants que par ricochet ou par éclaboussure, ou bien elle peut viser directement un enfant qu'elle cherche à éliminer.

La violence indirecte

Cette violence vise le plus souvent le conjoint qu'elle cherche à détruire et, à défaut se reporte sur

1. A. MILLER, *C'est pour ton bien,* traduction Jeanne Étoré, Aubier, Paris, 1984.
2. FERENCZI, « Confusion de langue entre les adultes et l'enfant. » *in Psychanalyse IV,* Payot, trad. fr., Paris, 1985.

les enfants. Les enfants sont victimes parce qu'ils sont là et qu'ils refusent de se désolidariser du parent visé. Ils sont agressés en tant qu'enfants de l'autre. Pris à témoin dans ce conflit qui ne les concerne pas, ils reçoivent toute la malveillance destinée à l'autre parent. En retour, le partenaire blessé, ne réussissant pas à s'exprimer auprès de son agresseur, déverse aussi sur ses enfants toute l'agression qui n'a pas pu être évacuée ailleurs. Face au dénigrement permanent de l'un des parents par l'autre, les enfants n'ont pas d'autre possibilité que de s'isoler. Ils y perdront toute possibilité d'individuation ou de pensée propre.

Chacun d'eux porte ensuite une part de souffrance qu'il reproduira ailleurs, s'il ne trouve pas de solution en lui-même. Il s'agit d'un déplacement de la haine et de la destruction. L'agresseur ne peut refréner sa morbidité. La haine passe de l'ex-conjoint détesté sur les enfants, qui deviennent alors la cible à détruire.

Jusqu'à leur divorce, les parents de Nadia ont pris l'habitude de dresser leurs enfants les uns contre les autres en utilisant pour ce faire une violence souterraine. Dans cette famille, on lave son linge sale en public mais de façon insidieuse. La mère sait mieux que personne utiliser les phrases malveillantes et les insinuations. Par ses attaques indirectes, elle laisse des traces venimeuses dans la mémoire de ses enfants.

Depuis le départ de son mari, elle vit seule avec sa plus jeune fille, Léa, et soupçonne ses autres enfants d'être complices de leur père. Il y a autour d'elle un gigantesque complot, dont Léa est le centre en même temps qu'une partie d'elle-même. Quand Nadia envoie un cadeau à Léa pour son anniversaire, sa mère répond : « Ta sœur et moi nous te remercions ! » Elle communique à Léa sa rancœur et sa méfiance, l'isole du reste de la famille, au point que celle-ci s'indigne que ses frères et sœurs continuent à voir leur père.

Sans arrêt, cette mère se plaint de ses enfants. Elle fait un compliment et, immédiatement, ce qui suit annule ce qui vient d'être dit. Elle tisse sa toile sans arrêt pour mieux prétendre à une apparente victoire. Elle met en place un système de culpabilisation latente qui marche plus ou moins bien suivant les enfants.

Quand Nadia lui offre un foulard pour Noël, elle répond : « Merci de ton foulard dont la longueur parfaite viendra compléter ceux que j'ai déjà ! » ou bien : « Ton cadeau est à ce jour le premier que j'ai reçu de mes enfants ! » Quand son gendre se suicide : « De toute façon, il était faible, il valait mieux qu'il parte ! » Nadia a l'impression de rêver quand elle voit ou entend sa mère. Chaque agression est perçue comme une intrusion. Elle sent qu'elle doit se protéger pour sauvegarder son intégrité. À chaque nouvelle attaque, sa propre violence augmente, avec l'envie d'écraser sa mère pour qu'elle cesse d'être omnipotente et de culpabiliser tout le monde. Cela entraîne chez elle des douleurs gastriques et des spasmes digestifs. Même à distance, par courrier ou par téléphone, elle perçoit comme un bras télescopique qui vient la prendre chez elle pour lui faire mal.

Quelles que soient les raisons de ce comportement, il est inacceptable, inexcusable, car la manipulation perverse engendre, chez les enfants comme chez les adultes, des troubles graves. Comment penser sainement quand un parent vous dit qu'il faut penser d'une façon et que l'autre parent vous dit exactement le contraire. Si cette confusion n'est pas levée par des paroles de bon sens venant d'un autre adulte, elle peut conduire l'enfant ou l'adolescent à une autodestruction fatale. On constate très souvent chez des adultes qui, enfants, ont été victimes de la perversion d'un parent, comme chez les victimes d'inceste, des alternances d'anorexie et de boulimie ou d'autres comportements addictifs.

Les allusions et remarques perverses sont un conditionnement négatif, un lavage de cerveau. Les enfants ne se plaignent pas des mauvais traitements subis, mais, au contraire, sont en quête permanente d'une improbable reconnaissance du parent rejetant. Ils ont intériorisé l'image négative d'eux (je suis nul !), et l'acceptent comme ayant été méritée.

Stéphane prend conscience que, bien avant son état dépressif, il se sentait vide, dans l'incapacité de faire les choses sans une très forte stimulation extérieure. Il est en particulier dans l'incapacité d'utiliser des dons professionnels réels. Pour masquer ce vide et cet ennui, il prend régulièrement de la drogue tout en disant que, pour lui, ce n'est même pas agréable.
Jusqu'à la puberté, Stéphane est un enfant bavard, dynamique, blagueur, gai, bon élève. Il perd sa spontanéité après le divorce de ses parents quand il a dix ans. À ce moment-là, il a le sentiment de n'être accepté dans aucun des deux foyers. Son frère ayant décidé de rester avec sa mère, Stéphane se sent obligé d'aller vivre chez son père. Il est otage de ce divorce.
Son père est un homme froid, jamais content, toujours fatigué, n'ayant jamais un geste d'affection, maniant l'ironie, les sarcasmes et les paroles blessantes. Il ne profite pas de la vie et ne laisse pas les autres en profiter. Stéphane ne lui parle jamais de ses projets. Auprès de son père, il n'est que l'ombre de lui-même et quand il le quitte, il se dit : « Je suis soulagé, ça c'est bien passé. »
Adulte, Stéphane a encore peur de la colère de son père : « Si j'étais le seul à réagir comme ça devant lui, je me dirais que c'est moi qui délire, mais, face à lui, tout le monde finit par ne plus discuter ou raconter n'importe quoi pour éviter le conflit. » Il est toujours sur la défensive car si son père allait trop loin dans une engueulade, lui-même pourrait « péter les plombs ».

Il reconnaît que, d'une façon générale, il se soumet trop facilement aux autorités car il ne supporte pas les conflits. Il sait que, même à son âge, s'il cesse de se soumettre à son père, ce sera la rupture, et une rupture violente. Pour le moment, il ne se sent pas encore de taille à l'affronter.

Le parent a sous la main un objet vivant disponible et manipulable à qui il peut faire subir les humiliations qu'il a lui-même subies au préalable ou qu'il continue à subir. Toute joie de l'enfant est insupportable. On le brime quoi qu'il fasse, quoi qu'il dise. Il existe une sorte de nécessité de lui faire payer la souffrance qu'on a vécue soi-même.

La mère de Daniel ne supporte pas que ses enfants paraissent joyeux alors qu'elle n'est pas heureuse dans son couple. Elle répète à qui veut l'entendre : « La vie est une tartine de m... qu'il faut manger un petit peu tous les jours ! » Elle explique qu'avoir des enfants empêche de vivre, que ça ne l'intéresse pas mais qu'elle est obligée de se sacrifier pour eux.
Elle est en permanence de mauvaise humeur et balance à chacun des petites phrases blessantes. Elle a inventé un jeu familial destiné à endurcir ses enfants qui consiste, lors des repas, à se moquer systématiquement de quelqu'un. Celui qui est sur la sellette doit faire bonne figure. Cela constitue des égratignures répétées, douloureuses mais pas suffisamment graves pour mériter qu'on en parle. D'ailleurs, les enfants ne sont pas sûrs que toutes ces petites blessures soient infligées délibérément ; peut-être ne s'agit-il que de maladresse. Elle passe son temps à dire du mal de l'un ou de l'autre, d'une façon indirecte, camouflée, et tient en permanence des propos méprisants à l'un de ses enfants sur son frère ou sa sœur, entretenant ainsi la rivalité ou la mésentente.
De Daniel, elle dit avec un air consterné qu'il est un bon à rien, qu'il n'arrivera jamais dans la vie. Elle a

des paroles incisives et définitives pour le rabrouer quand il émet un avis. À l'âge adulte Daniel continue à craindre les paroles que sa mère aurait pu proférer. Face à elle, il ne sait pas se défendre : « On ne peut pas être agressif envers sa mère ! » Il se rattrape par un rêve répétitif où il l'attrape par les épaules et la secoue en lui demandant : « Pourquoi es-tu méchante avec moi ? »

Il est très facile de manipuler les enfants. Ceux-ci cherchent toujours des excuses à ceux qu'ils aiment. Leur tolérance est sans limite, ils sont prêts à tout pardonner à leurs parents, à prendre la faute sur eux, à comprendre, à essayer de savoir pourquoi un de leurs parents est mécontent. Un moyen fréquemment utilisé pour manipuler un enfant est le chantage à la souffrance.

Céline annonce à son père qu'elle a été violée et qu'elle a porté plainte. Le violeur ayant été pris grâce au sang-froid de Céline, il va y avoir un procès. La première réaction du père est de dire : « Tu ferais mieux de ne pas en parler à ta mère. La pauvre, cela va lui faire un souci de plus ! »
Victoire se plaint en permanence de maux de ventre qui lui donnent le prétexte pour rester couchée une grande partie de la journée tout en lui évitant toute sexualité avec son mari. Comme explication de son isolement, elle dit à son fils : « Tu étais un gros bébé, tu m'as déchiré les entrailles ! »

Le partenaire conjugal de l'agresseur, lui-même dans l'emprise, ne peut que rarement aider ses enfants, écouter leur souffrance sans justifier l'autre, sans se faire son avocat. Les enfants perçoivent très tôt la communication perverse mais, dépendant de leurs parents, ils ne peuvent pas la nommer. Cela est aggravé lorsque l'autre parent, désireux de se protéger, s'éloigne, laissant l'enfant affronter seul le mépris ou le rejet.

La mère d'Agathe a l'habitude de rendre ses enfants responsables de tous ses malheurs. En même temps, elle se blanchit et efface toute trace de culpabilité. Elle dit les choses d'une façon calme, et c'est comme si l'agression était seulement le fruit de leur imagination. Rien n'est dit dans ce magma familial : « Mais non, il ne s'est rien passé, c'est toi qui débloques ! »

Les actes de violence disparaissent de la mémoire, il ne reste qu'un souvenir flou. Quand les choses sont dites, ce n'est jamais directement. La mère d'Agathe ne cherche pas à parler, elle esquive. Elle persuade ses enfants d'abonder dans son sens en se plaignant de son mari qui l'a quittée. Agathe, déstabilisée, doute de son propre ressenti.

Les enfants savent que leur mère a une boîte pleine de photos datant de leur petite enfance sous son lit. Elle avait dit les avoir jetées. Un jour, Agathe ose demander ce qu'est devenue cette boîte. Parler de cette boîte est une façon de sortir de l'emprise, oser mettre en doute les vérités imposées par leur mère. Celle-ci répond : « Je ne sais pas, je vais regarder... Peut-être ! »

Agathe se sent orpheline. Elle a deux personnes qui sont ses parents, mais avec lesquelles il ne se passe rien. Elle ne connaît pas d'épaule affectueuse où se reposer. Elle doit en permanence se protéger des coups à venir et, pour cela, se justifier de tout.

La violence directe

La violence directe est la marque d'un rejet conscient ou inconscient de l'enfant par un de ses parents. Le parent se justifie en expliquant qu'il agit dans l'intérêt de l'enfant, dans un but éducatif, mais la réalité est que cet enfant le gêne et qu'il lui faut le détruire intérieurement pour se préserver.

Nul autre que la victime ne peut le percevoir, mais la destruction est réelle. L'enfant est malheureux mais il n'a pas objectivement de quoi se plaindre. S'il se plaint, c'est de gestes ou de mots ordinaires. On dit seulement que l'enfant est mal dans sa peau. Pourtant, il y a une volonté réelle de l'annuler.

L'enfant maltraité est considéré comme un enfant persécuteur. On dit qu'il est décevant, responsable des difficultés des parents : « Cet enfant est difficile, il n'en rate pas une, il casse tout, fait des bêtises dès que j'ai le dos tourné ! » Cet enfant décevant ne s'inscrit pas dans la représentation de l'imaginaire parental.

Il dérange soit parce qu'il occupe une place particulière dans la problématique parentale (enfant non désiré responsable d'un couple qui ne se voulait pas tel par exemple), soit parce qu'il présente une différence (infirmité ou retard scolaire). Sa simple présence révèle et réactive le conflit parental. C'est un enfant cible dont il faut redresser les vices pour qu'il aille droit.

Bernard Lempert[1] décrit très bien ce rejet qui s'abat ainsi parfois sur une victime innocente : « Le désamour est un système de destruction qui, dans certaines familles, s'abat sur un enfant et voudrait le faire mourir ; ce n'est pas une *simple* absence d'amour, mais l'organisation, en lieu et place de l'amour, d'une violence constante que l'enfant non seulement subit, mais de plus intériorise — au point qu'on en arrive à un double engrenage, la victime finissant par prendre le relais de la violence exercée contre elle au moyen de comportements autodestructeurs. »

Nous sommes pris dans une spirale absurde : on

1. B. LEMPERT, *Désamour,* Seuil, Paris, 1989.

houspille l'enfant parce qu'il est maladroit ou pas comme il faut ; il devient de plus en plus maladroit et de plus en plus éloigné du souhait exprimé par le parent. Ce n'est pas parce que l'enfant est maladroit qu'on le dévalorise, c'est parce qu'on l'a dévalorisé qu'il est devenu maladroit. Le parent rejetant cherche et trouve forcément (un pipi au lit, une mauvaise note à l'école) une justification à la violence qu'il ressent, mais c'est l'existence de l'enfant et non son comportement qui est déclencheur de cette violence.

Une manière très banale d'exprimer cette violence d'une façon perverse est d'affubler l'enfant d'un surnom ridicule. Quinze ans après, Sarah ne peut oublier que quand elle était enfant, ses parents l'appelaient « poubelle », parce qu'elle avait un gros appétit et finissait toujours les plats. Par son excès de poids, elle ne correspondait pas à l'enfant dont les parents avaient rêvé. Au lieu de l'aider à réguler son appétit, on avait essayé de la casser encore plus.

Il arrive aussi qu'un enfant ait quelque chose en trop par rapport à son père ou à sa mère : il est trop doué, trop sensible, trop curieux. On efface ce que l'enfant a de mieux en lui pour ne pas voir ses propres manques. Les affirmations prennent figure de prédicat : « Tu es un bon à rien ! » L'enfant finit par devenir insupportable, idiot ou caractériel, de sorte que le parent ait une bonne raison de le maltraiter. Sous prétexte d'éducation, on éteint chez son propre enfant l'étincelle de vie qui fait défaut en soi-même. On brise la volonté de l'enfant, on casse son esprit critique et on fait en sorte qu'il ne puisse juger son parent.

Dans tous les cas, ce que les enfants ressentent très bien, c'est qu'ils ne sont pas conformes au désir de leurs parents ou, tout simplement qu'ils n'ont pas été désirés. Ils sont coupables de les décevoir, de leur faire honte, de n'être pas assez bien pour eux. ⎿s s'en excusent car ils se voudraient réparateurs du narcissisme de leur parent. Peine perdue.

Arielle manque complètement de confiance en elle, même si elle sait qu'elle a du talent dans son métier. Par ailleurs, elle a des malaises avec vertiges et tachycardie, qu'elle attribue volontiers à des angoisses.
Elle a toujours eu beaucoup de mal à communiquer avec ses parents, surtout avec sa mère, Hélène, avec qui elle a une relation difficile. Celle-ci lui donne l'impression de ne pas l'aimer, mais Arielle l'excuse et attribue à sa position d'aînée le fait d'avoir été mise au premier plan du harcèlement maternel.
De sa relation avec sa mère, Arielle dit qu'elle est placée sous le signe du paradoxe : elle reçoit d'elle des informations qu'elle ne comprend pas et ne sait comment se protéger. Quelqu'un lui a dit un jour qu'elle était la cause de la mésentente de ses parents, alors elle s'est sentie coupable et a même écrit à ses parents pour se justifier.
Elle a en permanence l'impression que sa mère pratique sur elle un conditionnement négatif, comme un lavage de cerveau destiné à la rabaisser. Par un langage perverti, chaque mot de la mère cache un malentendu qui devient une occasion de piéger la fille. Hélène sait utiliser une tierce personne comme un boomerang pour faire éclater les conflits, ou retourner habilement les situations en ironisant. Elle dit les choses comme si elle était seule à savoir et, par des sous-entendus, elle amène à coup sûr Arielle à se culpabiliser. Celle-ci est toujours sur le qui-vive et se demande si elle fait bien ce qu'il faut faire pour ne pas déplaire à sa mère.
Un jour, Arielle trouve, affichée dans les toilettes de sa mère, une carte qu'elle lui avait envoyée pour son anniversaire. La date est soulignée et marquée : « Arrivée un jour en retard ! » De cela, Arielle conclut : « Quoi que je fasse, je suis en faute ! »

La perversion fait des dégâts considérables dans

les ; elle détruit les liens et casse toute indi-
...té, sans qu'on en prenne conscience. Les per-
...savent si bien falsifier leur violence qu'ils
ar...ent souvent à donner une très bonne image
d'eux-mêmes. Le processus disqualifiant peut se
mettre en place d'une façon encore plus perverse en
faisant agir un tiers, généralement l'autre parent, lui-
même sous emprise, à son insu.

Arthur est un enfant désiré par sa mère, Chantal, mais
pas vraiment par son père, Vincent. Celui-ci laisse sa
femme s'occuper du bébé : « C'est le rôle des
femmes ! » Quand celle-ci passe trop de temps à
s'occuper de son fils, il ironise : « On fait un câlin avec
son lardon ! » Cette phrase apparemment anodine est
dite sur un tel ton que Chantal se sent prise en faute,
même si elle réplique que c'est parfaitement normal.
Une autre fois, alors qu'elle change Arthur en lui chan-
tant une chanson et en l'embrassant sur le ventre,
Vincent, du pas de la porte, lui explique que beaucoup
de mères ont un comportement incestueux avec leurs
fils et qu'elles les excitent dès le berceau. Chantal
répond en plaisantant que cette remarque est inappro-
priée, mais à compter de ce jour elle perd un peu de
spontanéité dans ses rapports avec son fils quand elle
sait que Vincent est à proximité.
Les principes éducatifs de Vincent sont très stricts : il
ne faut pas répondre à tous les caprices des enfants :
s'ils sont correctement nourris et changés, il faut les
laisser pleurer. Il ne faut pas modifier son environnement pour un enfant, celui-ci doit apprendre à ne pas
toucher : il suffit d'une bonne tape sur les doigts. Le
petit Arthur, enfant pourtant docile et facile à élever, se
fait rudoyer souvent.
Arthur étant devenu un beau bébé joufflu, son père
l'appelle « gros lard ». Cela met Chantal en rage. Malgré toutes ses demandes et ses supplications, il continue à l'appeler ainsi, même pour lui dire des choses
gentilles : « C'est toi que ça gêne, regarde, lui, ça ne le

dérange pas, il sourit ! » D'autres personnes, famille ou amis, protestent, mais ce sobriquet devient usuel dans la bouche de Vincent.

Arthur a ensuite quelques difficultés dans l'apprentissage de la propreté. Il fait pipi dans sa culotte jusqu'à la maternelle, reste énurétique la nuit bien plus tard. Cela énerve Vincent qui s'en prend à son fils et lui donne des fessées. Mais il manifeste surtout son exaspération auprès de Chantal qui, craignant la rage froide de Vincent, prend les choses en main et s'énerve à son tour contre son fils. Finalement, c'est elle qui finit par lui donner une fessée. Ensuite elle se culpabilise et reproche à Vincent d'être trop sévère avec Arthur. Il lui répond alors très froidement : « Mais c'est toi qui as battu cet enfant, c'est toi qui es violente ! » Chantal part dans la chambre de son fils, le prend dans ses bras et elle le console tout en se consolant elle-même.

Puisqu'on ne peut pas effectivement tuer l'enfant dans son corps, on fait en sorte qu'il ne soit rien, on l'annule psychiquement. On peut ainsi garder une bonne image de soi, même si, au passage, l'enfant perd toute conscience de sa propre valeur. « Quand la tyrannie est domestique et le désespoir individuel, la mort parvient à ses fins : le sentiment de ne pas être. Puisqu'on ne peut pas socialement tuer l'enfant dans son corps et puisqu'il faut bien une couverture légale — afin de garder une bonne image de soi, qui est le fin du fin de l'hypocrisie —, on organise un meurtre psychique : faire en sorte que l'enfant ne soit rien. Nous retrouvons ici une constante : pas de trace, pas de sang, pas de cadavre. Le mort est vivant et tout est normal[1]. »

Même lorsque la violence parentale est encore

1. B. LEMPERT, *L'Enfant et le Désamour*, Éditions L'Arbre au milieu, 1989.

plus manifeste, on ne peut pas pour autant la dénoncer juridiquement car elle n'est pas toujours repérée.

Bien que prétendument désirée par ses deux parents, il est apparu d'emblée que Juliette ne devrait pas vivre. Elle gêne, on n'en veut pas. Depuis sa naissance, elle est responsable de tout ce qui ne va pas : si elle n'est pas sage, c'est de sa faute, si l'organisation de la maison est difficile, c'est de sa faute. Quoi qu'elle fasse, on la houspille. Si elle pleure, on lui reproche ses larmes et on lui donne une claque : « Comme ça, tu sauras pourquoi tu pleures ! », et si elle ne réagit pas : « On a l'impression que tu te fiches pas mal de ce qu'on te dit ! »
Son père a tellement envie qu'elle ne soit pas là que, alors qu'elle avait neuf ans, Juliette a été « oubliée » dans la forêt après un pique-nique. Des paysans l'ont recueillie et ont prévenu la police. Le père s'est justifié en disant : « Que voulez-vous, cette gamine est impossible, elle passe son temps à fuguer ! »
Juliette n'est pas ouvertement battue, elle est correctement habillée, nourrie, sinon les services sociaux l'auraient prise en charge, pourtant il apparaît à chaque instant qu'elle ne devrait pas être là. Sa mère, soumise à un mari tout-puissant, essaie de compenser, de protéger sa fille. Elle résiste autant qu'elle peut, menaçant parfois de partir avec elle, mais, ne travaillant pas, elle n'a pas de ressources et reste attachée à cet homme difficile.
Malgré la violence subie, Juliette aime son père et quand on lui demande comment ça se passe à la maison, elle dit parfois : « Maman fait toujours des histoires, elle dit qu'elle veut partir ! »

Les enfants victimes d'agressions perverses n'ont d'autre recours que des mécanismes de clivage protecteur, et se retrouvent porteurs d'un noyau psychique mort. Tout ce qui n'a pas été métabolisé pendant l'enfance se trouve rejoué dans des passages à l'acte perpétuels à l'âge adulte.

Même si tous les enfants maltraités ne deviennent pas des parents maltraitants, une spirale de destruction est créée. Chacun de nous peut en venir à reproduire sur autrui sa violence intérieure. Alice Miller[1] nous montre qu'avec le temps les enfants ou les victimes sous emprise oublient les violences subies — il suffit de leur ôter la volonté de savoir —, mais les reproduisent sur eux-mêmes ou sur autrui.

Les parents ne transmettent pas seulement à leurs enfants des qualités positives comme l'honnêteté et le respect d'autrui, ils peuvent aussi leur apprendre la méfiance et le détournement des lois et des règles sous couvert de « débrouillardise ». C'est la loi du plus malin. Dans les familles où la perversion est la règle, il n'est pas rare que l'on trouve un ancêtre transgresseur, connu de tous bien que caché, faisant figure de héros grâce à sa roublardise. Quand on a honte de lui, ce n'est pas parce qu'il a transgressé la loi, mais parce qu'il n'a pas été assez malin pour ne pas se faire prendre.

L'inceste latent

À côté de la violence perverse qui consiste à détruire l'individualité d'un enfant, nous rencontrons des familles où règne une atmosphère malsaine faite de regards équivoques, d'attouchements fortuits, d'allusions sexuelles. Dans ces familles, les barrières entre les générations ne sont pas posées clairement ; il n'y a pas de frontière entre le banal et le sexuel. Il

1. A. MILLER, *La Souffrance muette de l'enfant,* trad. fr., Aubier, Paris, 1988.

ne s'agit pas d'inceste à proprement parler, mais de ce que le psychanalyste P.-C. Racamier avait appelé l'incestuel[1] : « L'incestuel, c'est un climat : un climat où souffle le vent de l'inceste sans qu'il y ait inceste. » C'est ce que j'appellerais l'inceste *soft*. Il n'y a rien de juridiquement attaquable, mais la violence perverse est là sans signes apparents.

C'est une mère qui raconte à sa fille de douze ans les défaillances sexuelles de son mari et qui compare ses attributs à ceux de ses amants.
C'est un père qui demande à sa fille de servir régulièrement d'alibi, de l'accompagner et d'attendre dans la voiture quand il va voir ses maîtresses.
C'est une mère qui demande à sa fille de quatorze ans d'examiner ses organes génitaux pour voir si elle n'a pas une rougeur : « Après tout, on se connaît, on est entre femmes ! »
C'est un père qui séduit les copines de sa fille de dix-huit ans et qui les caresse en sa présence.

Ces attitudes induisent un climat de complicité malsaine. La barrière entre les générations n'y est pas respectée, les enfants ne sont pas laissés à leur place d'enfant, mais intégrés comme témoins de la vie sexuelle des adultes. Cet exhibitionnisme est souvent présenté comme une façon d'être moderne, « branché ». La victime ne peut pas se défendre; si elle se révolte, on se moquera d'elle : « Comme tu es coincé ! » Elle est donc obligée de se désavouer elle-même et d'accepter, sous peine de devenir folle, des principes qu'elle a d'abord sentis malsains. Sur un mode paradoxal, il peut se faire que cette attitude libérale coexiste avec d'autres principes éducatifs

1. P.-C. RACAMIER, *L'Inceste et l'Incestuel,* Les Éditions du Collège, Paris, 1995.

stricts, par exemple la préservation de la virginité de la fille. La mise en place de l'emprise perverse empêche la victime de percevoir les choses clairement et donc de pouvoir y mettre fin.

La relation perverse peut être ce qui est constitutif d'un couple, puisque les partenaires se sont choisis, mais ce n'est pas le fondement d'une relation dans l'entreprise. Même si le contexte est différent, il s'agit néanmoins d'un fonctionnement semblable. On peut donc s'aider du modèle qui est manifeste dans le couple pour comprendre certains comportements qui se font jour dans l'entreprise.

Dans l'entreprise, c'est de la rencontre de l'envie de pouvoir et de la perversité que naissent la violence et le harcèlement. On y trouve beaucoup moins de grandes perversions destructrices, mais les petites perversions quotidiennes y sont banalisées.

Dans le monde du travail, dans les universités et dans les institutions, les procédés de harcèlement sont beaucoup plus stéréotypés que dans la sphère privée. Ils n'en sont pas moins destructeurs, même si les victimes y sont moins longtemps exposées dans la mesure où, pour leur survie, elles choisissent le plus souvent de partir (arrêt maladie ou démission). C'est également dans la sphère publique (monde du travail, politique, associations) que ces procédés ont d'abord été dénoncés par des victimes qui se sont solidarisées, comme les ouvrières de Maryflo, afin de faire savoir que ce qu'elles vivaient était insupportable.

2

LE HARCÈLEMENT DANS L'ENTREPRISE

De quoi s'agit-il?

Par harcèlement sur le lieu de travail, il faut entendre toute conduite abusive se manifestant notamment par des comportements, des paroles, des actes, des gestes, des écrits, pouvant porter atteinte à la personnalité, à la dignité ou à l'intégrité physique ou psychique d'une personne, mettre en péril l'emploi de celle-ci ou dégrader le climat de travail.

Bien que le harcèlement au travail soit un phénomène aussi vieux que le travail lui-même, c'est seulement au début de cette décennie qu'il a été vraiment identifié comme un phénomène détruisant l'ambiance au travail, diminuant la productivité, mais aussi favorisant l'absentéisme par les dégâts psychologiques qu'il entraîne. Ce phénomène a été étudié essentiellement dans les pays anglo-saxons et les pays nordiques, où il a été qualifié de *mobbing* — de *mob* : foule, meute, plèbe, d'où l'idée d'importuner. Heinz Leymann[1], chercheur en psychologie du travail exerçant en Suède, a enquêté auprès de dif-

---

1. H. LEYMANN, *Mobbing;* trad. fr. Seuil, Paris, 1996.

férents groupes professionnels, depuis une dizaine d'années, sur ce processus qu'il a qualifié de « psychoterreur ». Maintenant, dans de nombreux pays, les syndicats, les médecins du travail, les caisses d'assurance maladie commencent à s'intéresser à ce phénomène.

En France, ces dernières années, dans les entreprises comme dans les médias, il a surtout été question de harcèlement sexuel, le seul pris en compte par la législation française, qui n'est cependant qu'un aspect du harcèlement au sens large.

Cette guerre psychologique sur le lieu de travail regroupe deux phénomènes :

— l'abus de pouvoir, qui est démasqué très vite et pas forcément accepté par les salariés,

— la manipulation perverse, plus insidieuse à se mettre en place et qui fait d'autant plus de ravages.

Le harcèlement naît de façon anodine et se propage insidieusement. Dans un premier temps, les personnes concernées ne veulent pas se formaliser et prennent à la légère piques et brimades. Puis, ces attaques se multiplient et la victime est régulièrement acculée, mise en état d'infériorité, soumise à des manœuvres hostiles et dégradantes pendant une longue période.

De toutes ces agressions, on ne meurt pas directement, mais on perd une partie de soi-même. On revient chaque soir, usé, humilié, abîmé. Il est difficile de s'en remettre.

Dans un groupe, il est normal que les conflits se manifestent. Une remarque blessante dans un moment d'énervement ou de mauvaise humeur n'est pas significative, à plus forte raison si elle est suivie d'excuses. C'est la répétition des vexations, des humiliations, sans aucun effort pour les nuancer, qui constitue le phénomène destructeur.

Quand le harcèlement apparaît, c'est comme une machine qui se met en marche et qui peut tout broyer. Il s'agit d'un phénomène terrifiant parce qu'inhumain, sans états d'âme et sans pitié. L'entourage professionnel, par lâcheté, égoïsme ou peur, préfère se tenir à l'écart. Lorsque ce type d'interaction asymétrique et destructrice est en place, il ne fera que s'amplifier si une personne extérieure n'intervient pas énergiquement. En effet, dans un moment de crise, on a tendance à accentuer le registre dans lequel on est : une entreprise rigide devient encore plus rigide, un employé dépressif devient encore plus dépressif, un agressif encore plus agressif, etc. On accentue ce que l'on est. Une situation de crise peut certes stimuler un individu et l'amener à donner le meilleur de lui-même pour trouver des solutions, mais une situation de violence perverse tend à anesthésier la victime, qui ne montre dès lors que le pire de ce qu'elle est.

Il s'agit d'un phénomène circulaire. Rien ne sert alors de chercher qui est à l'origine du conflit. On en oublie même les raisons. Une suite de comportements délibérés de la part de l'agresseur est destinée à déclencher l'anxiété de la victime, ce qui provoque chez elle une attitude défensive, elle-même génératrice de nouvelles agressions. Après un certain temps d'évolution du conflit se mettent en place des phénomènes de phobie réciproque : la vision de la personne haïe provoque une rage froide chez l'un, la vision du persécuteur déclenche chez la victime un phénomène de peur. C'est un réflexe conditionné agressif ou défensif. La peur entraîne chez la victime des comportements pathologiques qui serviront d'alibis pour justifier rétroactivement l'agression. Elle réagit le plus souvent d'une manière véhémente et confuse. Quoi qu'elle puisse entreprendre, quoi qu'elle fasse, tout est retourné contre elle par ses persécuteurs. Le but de la manœuvre est de la désarçonner, de la pousser à la confusion totale et à la faute.

Même si le harcèlement est horizontal (un collègue agresse un autre collègue), la hiérarchie n'intervient pas. Elle refuse de voir ou laisse faire. Elle ne prend parfois conscience du problème que lorsque la victime réagit de façon trop voyante (crise de nerfs, pleurs...) ou qu'elle est trop fréquemment en arrêt de travail. Le conflit dégénère vraiment parce que l'entreprise refuse de s'en mêler : « Vous êtes assez grands pour régler vos problèmes tout seuls ! » La victime ne se sent pas défendue, parfois même elle se sent abusée par ceux qui assistent à cette agression sans intervenir, car la hiérarchie propose rarement une solution directe. C'est plutôt : « On verra plus tard ! » La solution proposée est au mieux une mutation à un autre poste, sans que l'on ait demandé l'accord de l'intéressé. Si, à un moment donné du processus, quelqu'un réagit d'une façon saine, le processus s'arrête.

Qui est visé ?

Contrairement à ce que leurs agresseurs essaient de faire croire, les victimes ne sont pas au départ des personnes atteintes d'une quelconque pathologie ou particulièrement faibles. Au contraire, très souvent le harcèlement se met en place quand une victime réagit à l'autoritarisme d'un chef et refuse de se laisser asservir. C'est sa capacité de résister à l'autorité malgré les pressions qui la désigne comme cible.

Le harcèlement est rendu possible parce qu'il est précédé d'une dévalorisation, qui est acceptée puis cautionnée par le groupe, de la victime par le pervers. Cette dépréciation donne une justification *a posteriori* de la cruauté exercée contre elle, et conduit à penser qu'elle a bien mérité ce qui lui arrive.

Pourtant, les victimes ne sont pas des tire-au-flanc ; au contraire, on trouve parmi elles beaucoup de personnes scrupuleuses qui présentent un « présentéisme pathologique ». Ces salariés perfectionnistes, très investis dans leur travail désirent être impeccables. Ils restent tard au bureau, n'hésitent pas à venir travailler le week-end, et vont travailler même quand ils sont malades. Les Américains utilisent le terme *workaholic* pour bien montrer qu'il s'agit d'une forme de dépendance. Cette dépendance n'est pas uniquement liée à une prédisposition caractérielle de la victime : elle est surtout la conséquence de l'emprise exercée par l'entreprise sur ses salariés.

Par un effet pervers de la protection des personnes dans l'entreprise — une femme enceinte ne pouvant être licenciée —, le processus de harcèlement se met souvent en place lorsqu'une employée, jusqu'alors totalement investie dans son travail, annonce sa grossesse. Pour l'employeur, cela signifie : congé maternité, départ plus tôt le soir pour aller chercher l'enfant à la crèche, absences pour maladie du bébé... Bref, il craint que cette employée modèle ne soit plus tout entière à sa disposition.

Lorsque le processus de harcèlement est en place, la victime est stigmatisée : on dit qu'elle est difficile à vivre, qu'elle a mauvais caractère, ou bien qu'elle est folle. On met sur le compte de sa personnalité ce qui est la conséquence du conflit, et on oublie ce qu'elle était auparavant ou ce qu'elle est dans un

71

autre contexte. Poussée à bout, il n'est pas rare qu'elle devienne ce que l'on veut faire d'elle. Une personne harcelée ne peut pas être au maximum de son potentiel. Elle est inattentive, inefficace, et prête le flanc aux critiques sur la qualité de son travail. Il est alors facile de s'en séparer pour incompétence ou faute professionnelle.

Le cas particulier des petits paranoïaques qui se font passer pour des victimes ne doit pas masquer l'existence de vraies victimes de harcèlement. Les premiers sont des personnes tyranniques et inflexibles qui entrent facilement en conflit avec leur entourage, n'acceptent aucune critique et se sentent facilement rejetées. Loin d'être des victimes, ce sont d'éventuels agresseurs, repérables par leur rigidité caractérielle et leur absence de culpabilité.

Qui agresse qui ?

Le comportement d'un groupe n'est pas la somme des comportements des individus qui le composent ; le groupe est une nouvelle entité qui a ses propres comportements. Freud admet la dissolution des individualités dans la foule et y voit une double identification, horizontale par rapport à la horde (le groupe), et verticale par rapport au chef.

Un collègue agresse un autre collègue

Les groupes tendent à niveler les individus et supportent mal la différence (femme dans un groupe d'hommes, homme dans un groupe de femmes, homosexualité, différence raciale, religieuse ou sociale...). Dans certains corps de métier traditionnellement réservés aux hommes, il n'est pas facile pour une femme de se faire respecter quand elle arrive. Ce sont des plaisanteries grossières, des gestes obscènes, un mépris de tout ce qu'elle peut dire, le refus de prendre son travail en considération. Cela paraît du « bizutage », tout le monde rit, y compris les femmes présentes. Elles n'ont pas le choix.

Cathy devient inspecteur de police par concours externe. Même si les femmes ne représentent que le septième du personnel dans la police, elle espère se faire admettre pour accéder ensuite à la brigade des mineurs. Dès le premier désaccord avec un collègue, celui-ci clôt la discussion : « Tu n'es qu'un trou sur pattes ! » Cela fait bien rire les autres collègues qui en rajoutent. Elle ne se laisse pas faire, se fâche et proteste. En représailles, on l'isole et on essaie de la dévaloriser par rapport aux autres inspectrices : « Voilà des femmes compétentes qui ne font pas les mijaurées, elles ! » Quand il y a une intervention, tout le monde s'agite mais, à elle, on ne donne pas d'explication. Elle pose des questions : « Où, quand, comment, dans quel cadre juridique ? », on ne lui répond pas : « De toute façon, tu ne sais pas faire ! Toi, tu restes ici et tu fais le café ! »
Elle ne réussit pas à obtenir un rendez-vous pour en discuter avec la hiérarchie. Comment nommer quelque chose que personne ne veut entendre ? Elle doit se soumettre ou s'opposer au groupe. Comme elle s'énerve, on dit qu'elle est caractérielle. Cette étiquette devient une casserole qu'elle traînera avec elle dans toutes ses mutations.
Un soir, après son service, elle laisse comme d'habitude son arme dans un tiroir fermé à clef. Le lendemain, le tiroir est ouvert. On lui fait remarquer qu'il y a faute. Cathy sait qu'une seule personne peut avoir ouvert son tiroir. Elle demande à voir le commissaire

dans le but de mettre les choses à plat. Il la convoque avec le collègue suspecté, parlant d'une sanction disciplinaire. Lors de l'entretien, le commissaire « oublie » de parler du problème pour lequel ils se trouvent réunis et émet de vagues critiques concernant son travail à elle. Par la suite, le rapport est égaré.

Quelques mois plus tard, lorsqu'elle trouve son coéquipier et ami suicidé d'une balle dans la tête, personne ne vient la réconforter. On se moque de sa fragilité lorsqu'elle prend quelques jours d'arrêt maladie : « On est dans un monde de mecs ! »

De nombreuses entreprises se révèlent incapables de faire respecter les droits minimaux d'un individu et laissent se développer, en leur sein, racisme et sexisme.

Parfois, le harcèlement est suscité par un sentiment d'envie à l'égard de quelqu'un qui possède quelque chose que les autres n'ont pas (beauté, jeunesse, richesse, qualités relationnelles). C'est aussi le cas des jeunes surdiplômés qui occupent un poste où ils ont comme supérieur hiérarchique quelqu'un qui n'a pas le même niveau d'études.

Cécile est une grande et belle femme de quarante-cinq ans, mariée à un architecte et mère de trois enfants. Les difficultés professionnelles de son mari l'ont obligée à chercher un emploi pour faire face aux traites de l'appartement. Elle a gardé de son éducation bourgeoise une façon « chic » de s'habiller, de bonnes manières et une aisance à manier le langage. Néanmoins, n'ayant aucun diplôme, elle occupe un poste de travail dévalorisant qui consiste à faire des classements sans grand intérêt. Dès son arrivée dans l'entreprise, elle est mise à l'écart par ses collègues qui multiplient les petites remarques désagréables : « Ce n'est pas avec ton salaire que tu peux t'offrir des vêtements pareils ? » L'arrivée d'un nouveau supérieur hiérarchique, une femme sèche et envieuse, vient accélérer ce processus. On lui retire alors les dernières tâches qui avaient un certain intérêt et elle se retrouve le larbin du service. Quand elle essaie de protester, on lui renvoie : « Madame a des exigences, elle ne veut pas faire les bas travaux ! » Cécile, qui n'a jamais eu confiance en elle, n'est pas très sûre de ce qui se passe. Elle essaie d'abord de montrer sa bonne volonté en acceptant les tâches les plus ingrates. Puis elle se culpabilise : « C'est de ma faute, j'ai dû être maladroite ! » Les rares fois où elle se met en colère, sa supérieure hiérarchique lui fait remarquer froidement qu'elle n'est qu'une caractérielle.

Alors Cécile se tait et déprime. À la maison, son mari n'entend pas ses plaintes puisque son travail ne représente qu'un modeste salaire d'appoint. Son généraliste, auquel elle décrit sa fatigue, son découragement, son manque d'intérêt, balaie le problème rapidement en lui prescrivant du Prozac. Il s'étonne ensuite de l'inefficacité de sa prescription et en désespoir de cause l'adresse à un psychiatre.

Les agressions entre collègues peuvent aussi trouver leur source dans les inimitiés personnelles liées à l'histoire de chacun des protagonistes, ou dans la compétitivité, l'un essayant de se faire valoir aux dépens de l'autre.

Depuis plusieurs années, Denise a de mauvaises relations avec une collègue de travail qui a été la maîtresse de son ex-mari. Cette situation inconfortable l'amène à une première dépression. Pour échapper à cette rencontre, elle demande un autre poste. Sa demande n'aboutit pas.

Trois ans plus tard, à la suite d'un changement d'affectation, Denise se trouve placée directement sous les ordres de cette personne. Celle-ci l'humilie quotidiennement, disqualifiant son travail, se moquant de ses erreurs. Elle met en doute ses capacités à écrire, compter ou se servir d'un ordinateur. Face à elle,

Denise n'ose pas se défendre et réagit en se repliant sur elle-même, accumulant les fautes. Cela finit par mettre en péril son emploi. Elle essaie de contacter le supérieur hiérarchique de sa chef afin d'obtenir sa mutation. On lui dit que le nécessaire sera fait. Rien ne change.

Déprimée, angoissée, elle est mise en arrêt maladie. Hors du contexte du travail, son état s'améliore, mais dès qu'une reprise est envisagée, elle rechute. Elle alterne ainsi arrêts maladie et rechutes depuis deux ans. Le médecin du travail contacté fait tout ce qu'il peut pour débloquer la situation, mais la direction ne veut rien savoir. Du fait de ses plaintes et de ses nombreuses absences pour maladie, on la considère comme « psychologiquement perturbée ». Il n'y a pas de solution pour elle. L'arrêt de travail de Denise pourrait se poursuivre ainsi jusqu'à l'invalidité, mais, après expertise, le médecin conseil de la Sécurité sociale la considère en état de reprendre son travail.

Pour ne pas retourner dans ce bureau où elle est si mal, Denise envisage de donner sa démission. Mais à quarante-cinq ans et sans qualifications, que faire ? Elle parle maintenant de suicide.

Les conflits entre collègues sont difficiles à gérer par les entreprises qui se montrent maladroites. Il arrive que l'appui d'un supérieur vienne renforcer le processus : des ragots parlent de favoritisme ou de faveurs sexuelles !

Le plus souvent, le processus est renforcé par l'incompétence des petits chefs. En effet, un grand nombre de responsables hiérarchiques ne sont pas des managers. Dans une équipe, on désigne comme responsable celui qui est le plus compétent sur le plan professionnel et non celui qui sait le mieux diriger. Même s'ils sont très compétents par ailleurs, beaucoup de responsables ne savent pas ce qu'est animer une équipe et n'ont pas conscience des problèmes humains qu'impliquent leurs responsabilités.

D'ailleurs, s'ils en prennent conscience, très souvent ils en ont peur, ne sachant pas comment intervenir. Cette incompétence est un facteur aggravant dans la mise en place du harcèlement car, lorsque les harceleurs sont des collègues, la première borne de secours devrait être le responsable hiérarchique ou l'échelon supérieur. S'il n'existe pas un climat de confiance, il est impossible de demander de l'aide à son supérieur. Lorsque ce n'est pas par incompétence, c'est par indifférence ou par lâcheté que chacun tend à se retrancher derrière les autres.

Un supérieur agressé par des subordonnés

C'est un cas beaucoup plus rare. Ce peut être une personne venant de l'extérieur, dont le style ou les méthodes sont réprouvés par le groupe et qui ne fait pas l'effort de s'adapter ou de s'imposer. Ce peut être aussi un ancien collègue qui a été promu sans que le service ait été consulté. De toute façon, la direction n'a pas tenu suffisamment compte des opinions du personnel avec qui cette personne sera amenée à travailler.

Le problème se complique lorsqu'il n'a pas été établi au préalable de description précise des objectifs du service et que les tâches de la personne promue peuvent empiéter sur celles d'un de ses subordonnés.

Muriel a d'abord été secrétaire assistante du directeur d'un grand groupe. Par un travail acharné et des cours du soir au CNAM pendant plusieurs années, elle obtient un poste à responsabilités dans ce même groupe.
Quand elle prend son poste, elle se trouve immédiatement en butte à l'hostilité des secrétaires avec qui elle

avait travaillé quelques années auparavant. Elles ne lui font pas parvenir le courrier, elles égarent les dossiers, écoutent ses conversations téléphoniques privées, ne passent pas les messages... Muriel se plaint à sa hiérarchie, qui lui rétorque que si elle ne se fait pas respecter des secrétaires, c'est qu'elle n'a pas l'envergure pour être cadre. On lui suggère une mutation à un poste de moindre responsabilité.

Un subordonné agressé par un supérieur

Cette situation est extrêmement fréquente actuellement dans un contexte où l'on fait croire aux salariés qu'ils doivent être prêts à tout accepter pour garder un emploi. L'entreprise laisse un individu diriger ses subordonnés de façon tyrannique ou perverse, parce que cela l'arrange ou ne lui paraît pas important. Les conséquences sont très lourdes pour le subordonné.

— Ce peut être simplement de l'abus de pouvoir : un supérieur se prévaut de sa position hiérarchique d'une manière démesurée et harcèle ses subordonnés de crainte de perdre le contrôle. C'est le pouvoir des petits chefs.

— Ce peut être aussi une manœuvre perverse d'un individu qui a besoin pour se rehausser d'écraser les autres, ou qui a besoin pour exister de démolir un individu choisi comme bouc émissaire. Nous verrons comment, par des procédés pervers, on peut piéger un salarié.

Comment empêcher une victime de réagir

La peur du chômage n'explique pas seule la soumission des victimes de harcèlement. Les patrons et les petits chefs harceleurs, dans un but de toute-puissance, se servent, consciemment ou non, de procédés pervers qui ligotent psychologiquement les victimes et les empêchent de réagir. Ces mêmes procédés, qui ressemblent à des pièges, ont d'ailleurs été utilisés dans les camps de concentration et continuent à être de rigueur dans les régimes totalitaires.

Pour garder le pouvoir et contrôler l'autre, on utilise des manœuvres anodines qui deviennent de plus en plus violentes si l'employé résiste. Dans un premier temps, on lui retire tout sens critique jusqu'à ce qu'il ne sache plus qui a tort et qui a raison. On le stresse, on le houspille, on le surveille, on le chronomètre pour qu'il se sente en permanence sur le qui-vive, et surtout on ne lui dit rien de ce qui pourrait lui permettre de comprendre ce qui se passe. Le salarié est acculé. Il accepte toujours plus et n'arrive pas à dire que c'est insupportable. Quel que soit le point de départ et quels que soient les agresseurs, les procédés sont les mêmes : on ne nomme pas le problème, mais on agit de façon sournoise pour éliminer la personne au lieu de trouver une solution. Ce processus est amplifié par le groupe, qui est pris à témoin ou même participe activement au phénomène.

Le harcèlement dans l'entreprise passe ensuite par différentes étapes qui ont comme point commun un refus de communication.

Refuser la communication directe

Le conflit n'est pas nommé mais il est agi quotidiennement par des attitudes de disqualification. L'agresseur refuse d'expliquer son attitude. Ce déni paralyse la victime qui ne peut se défendre, ce qui rend possible la poursuite de l'agression. En refusant de nommer le conflit, de discuter, l'agresseur empêche une discussion qui permettrait de trouver une solution. Dans le registre de la communication perverse, il faut empêcher l'autre de penser, de comprendre, de réagir.

Se soustraire au dialogue est une façon habile d'aggraver le conflit, tout en le portant au crédit de l'autre. C'est une façon de dire, sans le dire avec des mots, que l'autre ne vous intéresse pas ou même qu'il n'existe pas. Comme rien n'est dit, tout peut être reproché.

C'est encore aggravé lorsque la victime a une propension à se culpabiliser : « Qu'est-ce que je lui ai fait ? Qu'est-ce qu'il a à me reprocher ? »

Quand il y a des reproches, ils sont flous ou imprécis, pouvant laisser la place à toutes les interprétations et à tous les malentendus. D'autres fois, ils sont dans le registre paradoxal pour éviter toute réplique : « Ma chère petite, je vous apprécie beaucoup, mais vous êtes nulle ! »

Tous les essais d'explication n'aboutissent qu'à de vagues reproches.

Disqualifier

L'agression ne se passe pas ouvertement, ce qui pourrait permettre de répliquer, elle est pratiquée de façon sous-jacente, dans le registre de la communication non verbale : soupirs excédés, haussements d'épaules, regards méprisants, ou bien non-dits, sous-entendus, allusions déstabilisantes ou malveillantes, remarques désobligeantes... On peut ainsi amener progressivement le doute sur les compétences professionnelles d'un salarié, en remettant en question tout ce qu'il dit ou fait.

Dans la mesure où ces agressions sont indirectes, il est difficile de se défendre. Comment décrire un regard chargé de haine ? Comment rapporter des sous-entendus, des non-dits ? La victime elle-même doute parfois de ses propres perceptions, elle n'est pas sûre de ne pas exagérer son ressenti. On l'amène à douter d'elle-même. Pour peu que ces paroles viennent faire écho à un manque de confiance du salarié, celui-ci perdra toute confiance en lui et renoncera à se défendre.

La disqualification consiste aussi à ne pas regarder quelqu'un, ne pas dire bonjour, parler de la personne comme d'un objet (on ne parle pas aux choses !), dire à quelqu'un d'autre devant la victime : « Tu as vu, il faut vraiment être ringard pour porter des vêtements pareils ! » C'est nier la présence de la victime, ne plus lui adresser la parole, ou profiter de ce qu'elle se soit absentée cinq minutes de son bureau pour lui déposer un dossier avec un Post-it dessus, au lieu de lui demander le travail directement.

Ce sont aussi des critiques indirectes dissimulées dans une plaisanterie, des railleries, des sarcasmes. On peut ensuite dire : « Ce n'est qu'une plaisanterie, personne n'est jamais mort d'une plaisanterie ! » Le langage est perverti. Chaque mot cache un malentendu qui se retourne contre la victime désignée.

Discréditer

Pour cela, il suffit d'insinuer le doute dans la tête des autres : « Tu ne crois pas que... » On peut ensuite par un discours faux, fait d'un assemblage de sous-entendus, de non-dits, mettre en place un malentendu pour l'exploiter à son avantage.

Pour enfoncer l'autre, on le ridiculise, l'humilie, le couvre de sarcasmes jusqu'à ce qu'il perde confiance en lui. On l'affuble d'un surnom ridicule, on se moque d'une infirmité ou d'une défaillance. On utilise aussi la calomnie, les mensonges, les sous-entendus malveillants. On s'arrange pour que la victime le sache sans qu'elle puisse pour autant s'en défendre.

Ces manœuvres viennent de collègues envieux qui, pour se tirer d'une situation embarrassante, trouvent plus facile de rejeter la faute sur l'autre, ou de dirigeants qui pensent stimuler leurs salariés en les critiquant sans cesse et en les humiliant.

Lorsque la victime craque, s'énerve ou se déprime, cela justifie le harcèlement : « Ça ne m'étonne pas, cette personne était folle ! »

Isoler

Lorsqu'on a décidé de détruire psychologiquement un salarié, pour qu'il ne puisse pas se défendre, il faut d'abord l'isoler en cassant les alliances possibles. Quand on est seul, il est beaucoup plus difficile de se rebeller, surtout si on vous fait croire que tout le monde est contre vous.

Par des insinuations ou des préférences affichées, on provoque des jalousies, on monte les gens les uns contre les autres, on sème la discorde. Le travail de déstabilisation est ainsi fait par des collègues envieux, et le véritable agresseur pourra dire qu'il n'y est pour rien.

Lorsque la mise à l'écart vient de collègues, c'est manger seul à la cantine, ne pas être invité lorsqu'il y a un pot...

Lorsque l'agression vient de la hiérarchie, la victime désignée est progressivement privée de toute information. Elle est isolée, n'est plus conviée aux réunions. Elle apprend son devenir dans l'entreprise par des notes de service. Plus tard, c'est la mise en quarantaine, au placard. On ne lui donne pas de travail alors que ses collègues sont débordés, mais on ne lui donne pas pour autant l'autorisation de lire son journal ou de partir plus tôt.

Il est arrivé dans une grande entreprise nationalisée qu'on installe, sans le prévenir, un cadre dirigeant dont on voulait se séparer dans un beau bureau à l'écart, sans mission, sans contact, avec un téléphone qui n'était connecté sur rien. Après un certain temps de ce régime, ce dirigeant a préféré se donner la mort.

La mise en quarantaine est beaucoup plus génératrice de stress que le surcroît de travail et devient très vite destructrice. Les dirigeants trouvent aisé de se servir de ce système pour faire démissionner quelqu'un dont on n'a plus besoin.

Brimer

Cela consiste à confier à la victime des tâches inutiles ou dégradantes. C'est ainsi que Sonia, titulaire d'une maîtrise, s'est retrouvée à coller des enveloppes dans un local exigu et non aéré.

C'est fixer des objectifs impossibles à tenir, obligeant à rester tard le soir, à revenir le week-end, pour ensuite voir ce rapport si urgent jeté à la poubelle.

Ce peuvent être également des agressions physiques, mais pas directes, des négligences qui provoquent des accidents : des objets lourds qui tombent, comme par hasard, sur les pieds de la victime.

Pousser l'autre à la faute

Un moyen très habile de disqualifier quelqu'un consiste à le pousser à la faute pour pouvoir le critiquer ou le rabaisser, mais aussi pour qu'il ait une mauvaise image de lui-même. Il est très facile, par une attitude de mépris ou de provocation, d'amener quelqu'un d'impulsif à la colère ou à un comportement agressif repéré de tous. On peut ensuite dire : « Vous avez vu, cette personne est complètement folle, elle perturbe le service. »

Le harcèlement sexuel

Le harcèlement sexuel n'est qu'un pas de plus dans le harcèlement moral. Il concerne les deux sexes mais la plupart des cas décrits ou plaidés concernent des femmes agressées par des hommes, le plus souvent leur supérieur hiérarchique.

Il ne s'agit pas tant d'obtenir des faveurs de nature sexuelle que de marquer son pouvoir, de considérer la femme comme son objet (sexuel). Une femme harcelée sexuellement est considérée par son agresseur comme étant « à disposition ». Elle doit accepter, et devrait même être flattée, se sentir rehaussée, d'avoir été « choisie ». Le harceleur n'envisage pas que la femme convoitée puisse dire non. D'ailleurs, si elle le fait, elle subit en retour des humiliations et des agressions. Il n'est pas rare que l'agresseur dise que c'est elle qui l'a aguiché, qu'elle était consentante ou demandeuse.

Différents types de harceleurs ont été décrits — tous ayant en commun un idéal de rôle masculin dominant et des attitudes négatives envers les femmes et le féminisme — et différentes catégories de harcèlement sexuel, identifiées[1] :

— le harcèlement de genre, qui consiste à traiter une femme différemment parce qu'elle est une femme, avec des remarques ou des comportements sexistes ;

— le comportement séducteur ;

— le chantage sexuel (le seul à être effectivement réprimé en France) ;

— l'attention sexuelle non désirée ;

— l'imposition sexuelle ;

— l'assaut sexuel.

Depuis 1976 le système judiciaire américain reconnaît le harcèlement sexuel en tant que discrimination sexuelle, alors qu'en France il n'est retenu comme infraction que s'il comporte un chantage explicite au licenciement.

Dans une enquête réalisée aux États-Unis[2], 25 % à 30 % des étudiants rapportent avoir été victimes d'au moins un incident de harcèlement sexuel à l'université (commentaires sexistes, regards sugges-

1. FITZGERALD, « Sexual Harassment : the Definition and Measurement of a Construct », *in* M. A.PALUDI (ed.), *Ivory Power : Sexual Harassment on Campus,* State University of New York Press, Albany.
2. MACKINNEY et MAROULES, 1991, cité par G.-F. PINARD, *in Criminalité et psychiatrie,* Ellipses, Paris, 1997.

tifs, attouchements ou remarques sexuelles inappropriées) de la part de professeurs.

Le point de départ du harcèlement

Si les grands pervers sont rares dans les entreprises, ils y sont redoutables en raison de leur pouvoir d'attraction et de leur don pour entraîner l'autre au-delà de ses limites.

Une lutte pour le pouvoir est légitime entre individus rivaux, s'il s'agit d'une compétition où chacun a sa chance. Certaines luttes, cependant, sont d'emblée inégales. C'est ce qui se produit avec un supérieur hiérarchique ou quand un individu réduit sa victime à une position d'impuissance pour ensuite l'agresser en toute impunité, sans qu'elle puisse riposter.

L'abus de pouvoir

L'agression y est claire. C'est un supérieur hiérarchique qui écrase ses subordonnés de son pouvoir. Le plus souvent, c'est le moyen pour un « petit chef » de se valoriser. Pour compenser sa fragilité identitaire, il a besoin de dominer et le fait d'autant plus facilement que le subordonné, dans sa crainte d'un licenciement, n'a d'autre choix que de subir. La bonne marche prétendue de l'entreprise justifie tout : horaires extensibles qu'il n'est pas possible de négocier, surcharge de travail dans l'urgence, exigences incohérentes.

Pourtant, mettre la pression d'une manière systématique sur les subordonnés est un style de management inefficace et peu rentable puisque la surcharge de stress peut engendrer des erreurs professionnelles et amener des arrêts maladie. Une main-d'œuvre heureuse est plus productive. Néanmoins, le petit chef ou même la direction gardent l'illusion qu'ainsi ils obtiennent un maximum de rentabilité.

En principe, l'abus de pouvoir n'est pas dirigé spécifiquement contre un individu. Il s'agit seulement d'écraser plus faible que soi. Dans les entreprises, il peut se transmettre en cascade, de la plus haute hiérarchie jusqu'au petit chef.

L'abus de pouvoir des chefs a toujours existé, mais actuellement il est très souvent déguisé. Les dirigeants parlent d'autonomie et d'esprit d'initiative à leurs salariés, mais n'en exigent pas moins soumission et obéissance. Les salariés marchent parce qu'ils sont obsédés par des menaces sur la survie de l'entreprise, par la perspective des licenciements et par le rappel incessant de leur responsabilité, donc de leur culpabilité éventuelle.

Ève travaille depuis un an dans une PME familiale en tant que commerciale. Le rythme de travail y est rapide et les heures supplémentaires ne sont pas comptées. Lorsqu'il y a des salons le week-end, on attend quand même des employés qu'ils soient à huit heures au bureau le lundi matin.

Le patron est tyrannique, jamais content. Tout le monde doit obéir au doigt et à l'œil. Si le personnel n'est pas tout à fait performant, il se met à crier. Il n'y a aucun moyen de se défendre : « Si tu n'es pas content, tu dégages ! » Ces agressions verbales paralysent Ève. À chaque fois, elle se sent au bord du malaise et doit prendre des pansements gastriques et des calmants. Épuisée, elle essaie de récupérer en passant ses week-ends à dormir, mais son sommeil est agité et peu réparateur.

Après une période très chargée professionnellement,

elle a de plus en plus de crises d'angoisse, fond en
larmes pour un rien, ne dort plus, ne mange plus. Son
médecin la met en arrêt maladie pour dépression.
Après deux mois d'arrêt, elle est enfin en état de
reprendre son travail. À son retour, elle est fraîchement
accueillie par ses collègues qui mettent en doute la réalité de sa maladie. Elle ne retrouve ni son bureau, ni
son ordinateur. C'est l'ambiance de terreur qu'elle
connaissait : reproches injustes, coups de gueule,
tâches humiliantes par rapport à son niveau de compétence, critiques systématiques du travail rendu.

Elle n'ose rien dire et va pleurer dans les toilettes. Le
soir, elle est épuisée. Le matin, dès qu'elle est sur son
lieu de travail, elle se sent coupable même si elle n'est
pas en faute car chacun dans cette entreprise est sur le
qui-vive et s'épie.

Ève décrit son travail comme une usine à stress. Tous
ses collègues se plaignent de symptômes psychosomatiques : maux de tête, douleurs dorsales, colites,
eczéma, mais, comme des gamins apeurés, ils n'osent
pas se plaindre directement du patron qui, de toute
façon, « n'en à rien à cirer ».

Six mois après son arrêt de travail, Ève reçoit une
convocation pour un entretien préalable à un licenciement. Cela vient juste après une absence d'une journée
lors d'un salon où elle avait eu un malaise. Cette lettre
constitue un déclic pour elle. Pour la première fois, elle
éprouve de la colère. Elle ressent l'injustice et la mauvaise foi de son patron et elle est bien décidée à ne pas
se laisser faire. Malgré sa culpabilité — « Je me
demande dans quelle mesure je n'ai pas provoqué ça »
—, elle agit.

Elle prend conseil et va à la convocation accompagnée
d'un conseiller des salariés extérieur à l'entreprise. Le
motif officiel donné est la perte de confiance parce
qu'elle a été absente pour arrêts de travail multiples et
n'a pas prévenu immédiatement. Le conseiller pointe
que sa dernière absence était lors d'un salon le week-
end et que le patron était injoignable. Rien de ce que le
patron met en avant ne constitue un motif sérieux de

licenciement. Il dit qu'il va réfléchir puisqu'il a tout son temps pour envoyer la lettre.

Pour se défendre efficacement, il faut être sûr de son bon droit. Ève s'est renseignée sur ses droits. Elle connaît aussi les erreurs à ne pas commettre. Si elle n'avait pas été accompagnée lors de l'entretien préalable, son patron l'aurait terrorisée, comme il a toujours su le faire, avant de lui « donner une autre chance » sur un ton paternaliste.

Ève attend sa lettre de licenciement, qui n'arrive pas. Elle continue à faire son travail avec un certain plaisir, mais le stress ambiant est tel qu'à nouveau elle ne dort plus et se sent épuisée. Depuis l'entretien, sa situation est encore plus inconfortable. Tous les jours, elle reçoit des fax avec des petits reproches. Ses collègues lui disent : « Tu n'aurais pas dû faire ça, tu as attisé sa colère ! » Elle doit se justifier de tout et, prudente, fait des photocopies des échanges importants. Il lui faut veiller à ne pas commettre d'erreur, à ne pas se mettre en faute. À l'heure du déjeuner, elle emmène ses notes personnelles avec elle, même si ses collègues se moquent de sa paranoïa : « Tu pars déjeuner avec ton cartable comme une écolière ! » Certains d'entre eux lui jettent les dossiers sur son bureau sans lui adresser la parole. Si elle proteste : « Tu as un problème ? » Ève se fait toute petite pour ne pas attirer les railleries. Le patron l'évite et lui transmet ses consignes par notes.

Un mois plus tard, il recommence une procédure de licenciement parce que, dit-il, l'attitude d'Ève n'a pas changé. Cette fois, comme il est clairement établi qu'il n'a pas d'autres motifs de licenciement que le fait qu'il ne la supporte plus, le conseiller des salariés négocie pour elle un licenciement économique. Craignant qu'Ève n'aille aux prud'hommes, le patron signe un protocole d'accord.

Après son départ, Ève apprend que cinq de ses collègues, dont trois cadres, vont partir également. L'un a donné sa démission car il a trouvé mieux ailleurs, mais les quatre autres ont simplement démissionné et partent sans aucun avantage.

Quand un individu pervers entre dans un groupe, il tend à rassembler autour de lui les membres du groupe plus dociles qu'il séduit. Si un individu ne se laisse pas embrigader, il est rejeté par le groupe et désigné comme bouc émissaire. Un lien social se crée ainsi entre les membres du groupe dans la critique commune de la personne isolée, par des potins et des ragots. Le groupe est alors sous influence et suit le pervers dans le cynisme et le manque de respect. Chaque individu n'a pas pour autant perdu tout sens moral, mais, dépendant d'un individu dépourvu de scrupules, ils perdent tout sens critique.

Stanley Milgram, psychosociologue américain, a étudié entre 1950 et 1963 les phénomènes de soumission à l'autorité[1]. Sa méthode était la suivante : « Une personne vient dans un laboratoire de psychologie où on la prie d'exécuter une série d'actions qui vont entrer progressivement en conflit avec sa conscience. La question est de savoir jusqu'à quel point précis elle suivra les instructions de l'expérimentateur avant de se refuser à exécuter les actions précises. » Dans sa conclusion, il en vient à penser que « des gens ordinaires, dépourvus de toute hostilité, peuvent, en s'acquittant simplement de leur tâche, devenir les agents d'un atroce processus de destruction ». Cette constatation est reprise par Christophe Dejours[2], qui parle de la banalisation sociale du mal. Il est en effet des individus qui ont besoin d'une autorité supérieure pour parvenir à un certain équilibre. Les pervers récupèrent à leur profit cette docilité et l'utilisent pour infliger la souffrance aux autres.

1. S. Milgram, *Soumission à l'autorité,* trad. fr., Calmann-Lévy, Paris, 1974.
2. C. Dejours, *Souffrance en France,* Seuil, Paris, 1998.

Le but d'un individu pervers est d'accéder au pouvoir ou de s'y maintenir par n'importe quel moyen, ou bien encore de masquer sa propre incompétence. Pour cela, il lui faut se débarrasser de quiconque constituerait un obstacle à son ascension ou serait trop lucide sur ses façons de faire. On ne se contente pas d'attaquer quelqu'un qui est fragilisé, comme c'est le cas dans l'abus de pouvoir, mais on crée la fragilité afin d'empêcher l'autre de se défendre.

La peur génère des conduites d'obéissance, voire de soumission, de la part de la personne ciblée, mais aussi des collègues qui laissent faire, qui ne veulent pas voir ce qui se passe autour d'eux. C'est le règne de l'individualisme, du « chacun pour soi ». L'entourage craint, s'il se montre solidaire, d'être stigmatisé et de se retrouver dans la prochaine charrette de licenciements. Dans une entreprise, il ne faut pas faire de vagues. Il faut avoir l'esprit maison, ne pas se montrer trop différent.

Le film américain *Swimming With Sharks,* de George Huang (1995), résume toutes les humiliations et les tortures mentales qu'un patron égocentrique et sadique peut faire subir à un employé ambitieux, prêt à tout accepter pour réussir. On le voit injurier son personnel, mentir sans scrupules, donner des ordres incohérents, tenir un employé à disposition nuit et jour, changer les règles pour maintenir celui-ci en permanence sur le qui-vive. Le personnel est prévenu : « Taper sous la ceinture est non seulement conseillé, mais récompensé ! » Tout cela en continuant à aguicher sa nouvelle recrue et à la séduire en lui faisant miroiter une promotion : « Fais-moi plaisir. Tais-toi, écoute et enregistre. Tu n'as pas de cerveau. Tes opinions personnelles ne comptent pas. Ce que tu penses est sans intérêt. Ce que tu ressens est sans intérêt. Tu es à mon service.

Tu es là pour protéger mes intérêts et répondre à mes besoins... Je ne veux pas te martyriser. Je veux t'aider, parce que, si tu fais bien ton boulot, si tu écoutes et que tu enregistres, alors tu auras la possibilité d'avoir tout ce que tu voudras. »

Un pervers agit d'autant mieux dans une entreprise que celle-ci est désorganisée, mal structurée, « déprimée ». Il lui suffit de trouver la brèche qu'il creusera pour assouvir son désir de pouvoir.

La technique est toujours la même, on utilise les faiblesses de l'autre et on l'amène à douter de lui-même afin d'anéantir ses défenses. Par un procédé insidieux de disqualification, la victime perd progressivement confiance en elle, et parfois même est tellement confuse qu'elle peut donner raison à son agresseur : « Je suis nul, je n'y arrive pas, je ne suis pas à la hauteur ! » De la sorte, la destruction se fait d'une façon extrêmement subtile jusqu'à ce que la victime elle-même se mette dans son tort.

Myriam est designer dans une boîte de pub en plein essor. En principe, elle est l'unique responsable de ses créations, mais tout est coordonné par un directeur qui est l'interlocuteur direct du P-DG. Responsable de son travail, elle s'investit à fond, travaille même le week-end et passe des nuits blanches qui ne lui sont pas payées. Mais dès qu'elle s'affiche trop ouvertement autonome en s'inquiétant du devenir de ses projets, on la remet à sa place.

Quand elle remet un projet, le directeur, alors qu'il n'est pas designer, reprend ce qu'elle a fait, le modifie à son gré sans l'en avertir. Si elle demande des explications, il lui répond avec désinvolture et un grand sourire : « Mais voyons, Myriam, ça n'a aucune importance ! » Myriam ressent une colère intérieure qu'elle peut rarement exprimer : « J'ai travaillé trois jours sur ce projet, et en quelques secondes il efface tout sans prendre la peine de me donner des explications. On voudrait que j'aie envie de créer pour quelqu'un qui nie mon travail! »

Il n'y a pas moyen de parler de tout cela. Tout est dans le non-dit. Face à ce directeur, aucun employé ne peut dire ce qu'il pense, tous ont peur de ses crises. La seule solution est d'esquiver en permanence. La méfiance s'installe. Chacun se demande où il veut en venir. Sur le mode de l'humour ou de la dérision, il fait en sorte que chacun soit conforme à ce qu'il attend. Quand il arrive, tout le monde est immédiatement tendu, comme pris en faute. Pour éviter les ennuis, la plupart des employés ont pris le parti de se censurer.

Devant l'abondance de travail, le directeur a accepté que Myriam recrute un collaborateur. Immédiatement, il a cherché à les mettre en rivalité. Lorsque Myriam, dit ce qu'elle pense d'un projet dont elle est responsable, il n'écoute pas et se tourne vers l'assistant en haussant les épaules : « Et vous, vous avez sans doute une meilleure idée? »

Il demande à Myriam de faire toujours plus, et de plus en plus vite. S'il lui demande de faire quelque chose qu'elle ne trouve pas adapté et qu'elle refuse, car elle a une haute idée de sa création, il la culpabilise en lui disant qu'elle est une personne difficile. Elle finit par accepter.

Quand elle résiste, cela engendre un tel stress qu'elle a mal au ventre dès qu'elle se lève. Sur son lieu de travail, elle se sent en apnée, en état de survie.

Le directeur de Myriam veut tout contrôler. Il ne veut pas partager le pouvoir. Envieux, il voudrait s'approprier les créations de Myriam. Ce mode de management, quand il fonctionne, rend le patron omnipotent. Certaines personnes s'accommodent de cette position d'enfant; les conflits entre collègues deviennent alors des chamailleries de frères et sœurs. Myriam résiste mais n'ose pas aller jusqu'au bout car elle ne veut pas perdre son emploi. Mais elle est atteinte, démotivée : « Je comprends comment on peut en venir au meurtre, car étant impuissante, je ressens une violence intérieure terrible! »

Si certains employeurs traitent leurs employés comme des enfants, d'autres les considèrent comme leurs « choses », utilisables à merci. S'il s'agit, comme ici, de création, c'est une atteinte encore plus directe à la personne. On éteint ainsi chez le salarié tout ce qui est novateur, toute initiative. Néanmoins, si l'employé est utile ou indispensable, pour qu'il ne parte pas, il faut le figer, l'empêcher de penser, de se sentir capable de travailler ailleurs. Il faut l'amener à croire qu'il ne vaut pas plus que sa position dans l'entreprise. S'il résiste, on l'isole. On le croise sans lui dire bonjour, sans le regarder, on ignore ses suggestions, on refuse tout contact. Arrivent ensuite les remarques blessantes et désobligeantes, et si cela ne suffit pas, la violence apparaît.

Lorsque la victime réagit et tente de se rebeller, la malveillance latente fait place à une hostilité déclarée. Commence alors la phase de destruction morale qui a été qualifiée de psychoterreur. Là, tous les moyens sont bons, y compris la violence physique, pour démolir une personne désignée. Cela peut la conduire à un anéantissement psychique ou au suicide. Dans cette violence, l'intérêt de l'entreprise est perdu de vue par l'agresseur, qui veut uniquement la perte de sa victime.

Dans le fonctionnement pervers, il n'y a pas que la quête du pouvoir, il y a surtout une grande jouissance à utiliser l'autre comme un objet, comme une marionnette. L'agresseur réduit l'autre à une position d'impuissance pour ensuite le détruire en toute impunité. Pour obtenir ce qu'il désire, il n'hésite pas à utiliser tous les moyens, même et surtout si cela se fait au détriment des autres. Rabaisser les autres afin d'acquérir une bonne estime de soi lui paraît légitime. Il n'y a aucun respect envers autrui. Ce qui frappe, c'est une animosité sans borne pour des motifs futiles, et une absence totale de compassion pour les personnes acculées à des situations insupportables. Celui qui inflige la violence à l'autre considère que celui-ci la mérite et qu'il n'a pas le droit de se plaindre. La victime n'est plus qu'un objet gênant dont l'identité est niée. Il ne lui est reconnu aucun droit à un sentiment ou à une émotion.

Face à cette agression qu'elle ne comprend pas, la victime est seule car, comme dans toutes les situations perverses, il existe une lâcheté et une complaisance de l'entourage qui craint de devenir cible à son tour ou parfois jouit de façon sadique du spectacle de cette destruction.

Dans une relation normale, il est toujours possible, au besoin par le conflit, de mettre une limite à la toute-puissance de l'autre pour imposer un équilibre des forces. Mais un pervers manipulateur ne supportant pas la moindre opposition à son pouvoir, transformera une relation conflictuelle en haine, au point de vouloir la destruction de son partenaire.

Lucie travaille depuis dix ans comme commerciale dans une petite entreprise familiale. Ayant participé à la création de l'entreprise, elle y est très attachée. Au début, c'était un vrai challenge de trouver des clients. Le patron a toujours été un enjôleur, paternel, souverain, mais, depuis que l'entreprise a pris de l'essor, il s'impose en tyran, en despote. Il ne dit pas bonjour en arrivant, ne regarde pas ses employés quand il leur donne des ordres, exige que les portes des bureaux restent ouvertes, donne les instructions cinq minutes avant une réunion, etc. Tous ces petits détails épuisent car ils obligent à être sur le qui-vive en permanence. Pour mieux régner, il entretient les ragots, les conflits, flatte les plus dociles et s'oppose à ceux qui lui résistent. Pour résister à ce qu'elle ressent comme une prise de pouvoir, Lucie tend à se tenir à l'écart, ce qui est considéré comme de la rébellion.

Tout dérape lorsqu'il engage une autre commerciale. D'emblée, la nouvelle venue est mise sur un piédestal avec un traitement de faveur évident pour tous. Devant une injustice aussi flagrante, qui apparaît comme une entreprise de séduction trouble, la jeune recrue elle-même devient méfiante et préfère partir. Le patron la rattrape, la convainc et fait savoir à tous que ce méli-mélo est dû à la jalousie de Lucie.

En plaçant les deux femmes en rivales, le patron pense qu'elles s'agresseront mutuellement et qu'il les contrôlera plus facilement.

À partir de là, Lucie est isolée. Les informations ne lui parviennent plus. Son travail n'est pas reconnu, rien n'est jamais bien. On fait savoir partout qu'elle est incompétente. Même si elle se sait bonne commerciale, elle finit par douter de ses capacités. Elle devient stressée, confuse, mais s'efforce de ne pas le montrer car elle sent que cela pourrait être utilisé contre elle. Les autres employés se tiennent à distance car ceux qui paraissent trop proches d'elle sont immédiatement disqualifiés.

Comme beaucoup de victimes de harcèlement moral, Lucie a tardé à réagir. Inconsciemment, elle avait mis son patron en position de père.

Le jour où elle l'entend proférer des propos injurieux à son égard devant une collègue, elle exige de lui un entretien :

« Vous m'avez insultée, qu'est-ce que vous avez à me reprocher ?

— Je n'ai peur de rien, de personne. Partez.

— Je ne partirai pas avant que vous m'ayez dit ce que vous avez à me reprocher. »

Le patron perd alors son sang-froid. Furieux, il renverse son bureau et casse tout autour de lui : « Vous êtes une incapable, j'en ai marre de votre méchanceté ! »

Ne comprenant pas qu'elle ne cède pas, le patron joue

la carte de la terreur. Il renverse les rôles et se place en victime d'une employée agressive.

Lucie, qui avait longtemps eu le sentiment d'être protégée par lui, ne parvient pas à comprendre le mépris et la haine qu'elle découvre dans ses yeux. Mais la violence physique sert de déclic. Elle décide de porter plainte. Ses collègues essaient de l'en dissuader : « Arrête, tu vas avoir des ennuis. Il va bien finir par se calmer ! » Elle tient bon et téléphone à son avocat pour savoir quelle procédure elle doit suivre. C'est tremblante et en larmes qu'elle va porter plainte à la police. Ensuite, elle voit un médecin qui lui délivre une ITT (incapacité temporaire totale, équivalent juridique de l'arrêt de travail) de huit jours. En fin de soirée, elle repasse au bureau chercher son sac.

Porter plainte est l'unique façon de mettre fin à la psychoterreur. Mais il faut avoir du courage ou être vraiment à bout car cela implique une rupture définitive avec l'entreprise. Il n'est pas sûr, en outre, que la plainte soit reçue, ni que la procédure déclenchée aboutisse d'une façon positive.

L'entreprise qui laisse faire

Ce type de procédés n'est possible que si l'entreprise ferme les yeux ou même l'encourage. Il est des directions qui savent prendre des mesures autoritaires lorsqu'un salarié n'est pas compétent ou que son rendement est insuffisant, mais ne savent pas réprimander un salarié irrespectueux ou déplaisant à l'égard d'un autre salarié. On « respecte » le domaine privé, on ne s'en mêle pas, considérant que les salariés sont assez grands pour se débrouiller tout seuls, mais on ne respecte pas l'individu lui-même.

Si l'entreprise est complaisante, la perversion fait des émules qui ne sont pas eux-mêmes pervers, mais qui perdent leurs repères, qui se laissent convaincre. Ils ne trouvent plus choquant qu'un individu soit traité de façon injurieuse. On ne sait pas où est la limite entre le fait de « houspiller » quelqu'un pour le stimuler et le fait de le harceler. La frontière correspond au respect de l'autre mais, dans un contexte de compétition tous azimuts, le sens de ce terme, pourtant inscrit dans la Déclaration des droits de l'homme, est parfois oublié.

La menace du chômage permet d'ériger l'arrogance et le cynisme en méthode de management. Dans un système de concurrence acharnée, la froideur et la dureté deviennent la règle. La compétition, quels que soient les moyens utilisés, est réputée saine et les perdants sont jetés. Les individus qui craignent l'affrontement n'utilisent pas des procédés directs pour obtenir le pouvoir. Ils manipulent l'autre de façon sournoise ou sadique afin d'obtenir sa soumission. Ils rehaussent ainsi leur propre image en disqualifiant l'autre.

Dans un tel contexte, un individu avide de pouvoir peut utiliser la confusion ambiante pour démolir en toute impunité ses rivaux potentiels. Un seul individu, qui n'est pas contrôlé par l'entreprise, peut en toute impunité manipuler et détruire d'autres individus afin de conquérir ou de conserver le pouvoir.

Un certain nombre de caractéristiques de l'entreprise peuvent faciliter la mise en place du harcèlement.

Ce qu'aucun spécialiste ne conteste, c'est que dans les groupes de travail sous pression les conflits naissent plus facilement. Les nouvelles formes de travail, qui visent à accroître les performances des entreprises en laissant de côté tous les éléments humains, sont génératrices de stress et créent ainsi les conditions favorables à l'expression de la perversité.

Au départ, le stress est un phénomène physiologique d'adaptation de l'organisme à une agression, quelle qu'elle soit. C'est chez les animaux une réaction de survie. Devant une agression, ils ont le choix entre la fuite ou le combat. Pour le salarié, un tel choix n'existe pas. Son organisme, comme celui de l'animal, réagit en trois phases successives : alerte, résistance puis épuisement, mais ce phénomène physiologique a perdu son sens premier de préparation physique pour celui d'adaptation sociale et psychologique. On demande aux salariés de travailler trop, de travailler dans l'urgence et d'être polyvalents. Des médecins du travail de Bourg-en-Bresse, dans leur rapport annuel de 1996, ont fait une analyse des conséquences de la flexibilité sur des salariés dans les abattoirs : « Il existe, il est vrai, écrivent-ils, des contraintes économiques qui pèsent fortement sur ce secteur d'activité mais, à y regarder de plus près, on constate dans certains abattoirs une surenchère par rapport aux contraintes "habituelles" en termes de toujours plus vite, avec des horaires excessifs et atypiques et, de plus en plus, un manque de considération inouï. »

Le stress au travail et le coût économique de ses conséquences sur la santé reste un phénomène peu quantifié en France. Le stress n'est reconnu ni comme maladie professionnelle ni comme cause directe d'arrêt de travail, pourtant les médecins du travail et les psychiatres constatent une augmentation des troubles psychosomatiques, de l'abus d'alcool ou de psychotropes, liée à la trop forte pression du travail.

La désorganisation d'une entreprise est toujours

génératrice de stress, qu'il s'agisse d'une mauvaise définition des rôles (on ne sait pas qui fait quoi, qui est responsable de quoi), d'un climat organisationnel instable (quelqu'un vient d'être nommé à un poste et on ne sait pas s'il va rester) ou bien encore d'une absence de concertation (les décisions sont prises sans l'accord des personnes intéressées). La lourdeur de certaines administrations ou d'entreprises très hiérarchisées permet à certains individus avides de pouvoir de s'acharner contre d'autres individus en toute impunité.

Certaines entreprises sont des « presse-citrons ». Elles font vibrer la corde affective, utilisent leur personnel en demandant toujours plus, en faisant miroiter beaucoup. Quand le salarié, usé, n'est plus assez rentable, l'entreprise s'en débarrasse sans aucun état d'âme. Le monde du travail est extrêmement manipulateur. Même si, en principe, l'affectif n'y est pas en jeu directement, il n'est pas rare que, pour motiver son personnel, une entreprise mette en place une relation qui dépasse de très loin la relation contractuelle normale que l'on peut avoir avec son employeur. On demande aux salariés de s'investir corps et âme dans leur travail, dans un système que les sociologues Nicole Aubert et Vincent de Gaulejac[1] ont qualifié de « managinaire », les transformant ainsi en « esclaves dorés ». D'une part, on leur demande trop avec toutes les conséquences de stress qui en découlent, d'autre part, il n'y a aucune reconnaissance de leurs efforts et de leur personne. Ils deviennent des pions interchangeables. D'ailleurs, dans certaines entreprises, on fait en sorte que les employés ne restent pas trop longtemps au même

1. N. AUBERT et V. DE GAULEJAC, *Le Coût de l'excellence*, Seuil, Paris, 1991.

poste, où ils pourraient acquérir trop de compétences. On les maintient en état permanent d'ignorance, d'infériorité. Toute originalité ou initiative personnelle dérange. On casse les élans et les motivations en refusant toute responsabilité et toute formation. Les employés sont traités comme des collégiens indisciplinés. Ils ne peuvent pas rire ou avoir l'air détendu sans être rappelés à l'ordre. Parfois, on leur demande de faire leur autocritique au cours de réunions hebdomadaires, transformant ainsi les groupes de travail en humiliation publique.

Ce qui aggrave ce processus, c'est qu'actuellement nombre d'entre eux sont sous-employés et ont un niveau d'études équivalent ou même supérieur à celui de leur supérieur hiérarchique. Il s'agit alors pour celui-ci de faire monter la pression jusqu'à ce que le salarié ne puisse plus assumer ou qu'il finisse par se mettre lui-même en faute. Les contraintes économiques font qu'on demande toujours plus aux salariés, avec de moins en moins de considération. Il y a une dévalorisation de la personne et de son savoir-faire. L'individu ne compte pas. Son histoire, sa dignité, sa souffrance importent peu.

Face à cette « chosification », cette robotisation des individus, la plupart des salariés des sociétés privées se sentent dans une situation trop fragile pour faire autre chose que protester intérieurement et courber la tête en attendant des jours meilleurs. Lorsque le stress apparaît avec son cortège d'insomnie, de fatigue, d'irritabilité, il n'est pas rare que le salarié refuse l'arrêt de travail qui lui est proposé par son médecin de peur des représailles à son retour.

Il existe plusieurs manières de se débarrasser d'un salarié dérangeant, même si l'on n'a rien à lui reprocher :

— une restructuration de service entraîne la suppression de son poste : on peut faire alors un licenciement économique ;

— on lui donne une tâche difficile et on cherche ses faiblesses pour pouvoir ensuite le licencier pour faute ;

— on peut aussi le harceler psychologiquement pour le faire craquer et, pourquoi pas, l'amener à donner sa démission.

Même si cela n'est pas fait consciemment, le harcèlement se met en place lorsque le salarié est déjà fragilisé par une cause extérieure au travail. Si une personne donne l'impression qu'elle est moins disponible pour l'entreprise pour des raisons personnelles (par exemple un divorce), on commence insidieusement à lui reprocher des choses qu'on ne lui avait jamais reprochées, à tort ou à raison, auparavant. Ce que l'on avait accepté, on ne l'accepte plus parce qu'on sent que la personne a baissé sa garde. Les instigateurs de ce harcèlement sont persuadés qu'ils ont raison et que la personne est réellement incompétente.

Se servir des faiblesses de l'autre est un procédé habituellement utilisé et même valorisé dans le monde des affaires ou de la politique. On se flatte de réussir « dans un panier de crabes » ou « dans un monde de requins ».

Olivier est associé majoritaire dans un grand cabinet de conseil. Depuis sa création, ce cabinet s'est beaucoup développé et récemment de jeunes diplômés sont arrivés, espérant une réussite rapide. L'autre associé majoritaire du groupe, François, ami de longue date, n'a pas toujours des pratiques très claires. Olivier n'entre pas dans ses combines, qu'il désapprouve, mais ne veut pas pour autant remettre en question leur association qui, pour lui, est gage de réussite.
Il entend un jour ses collaborateurs évoquer une

rumeur selon laquelle quelqu'un veut sa peau et qu'il va avoir des ennuis avec des salariés mécontents pour un litige dont François est à l'origine. Il interroge François qui répond en attaquant : « Si tu veux te casser, tu te casses, je ne suis au courant de rien ! »

Olivier sait depuis toujours que cet homme ne respecte personne. Il utilise les autres en leur faisant miroiter le pouvoir, et fait en sorte d'attiser les conflits entre les associés minoritaires pour mieux asseoir sa position. Au bureau règne une atmosphère de lutte souterraine malsaine. Sentant cela, un jeune collaborateur préfère partir car il sait qu'en cas de clash les plus récemment arrivés seront les plus exposés.

Pour déstabiliser Olivier, François bloque les dossiers ou les confie à des collaborateurs plus influençables. Au début, Olivier se défend mal. Il n'arrive pas à croire que son vieux copain de fac, dont il connaît pourtant les méthodes de management musclées, puisse agir ainsi avec lui. Ce n'est que lorsqu'Olivier constate que François puise dans le compte commun sans l'en avertir qu'il réagit et met en place une stratégie de défense.

L'entreprise qui encourage les méthodes perverses

L'entreprise peut en elle-même devenir un système pervers lorsque la fin justifie les moyens et qu'elle est prête à tout, y compris à détruire des individus pour parvenir à ses objectifs. Dans ce cas, c'est au niveau même de l'organisation du travail que, par un processus pervers, le mensonge sert à la mise en place de l'emprise.

Dans un système économique compétitif, de nombreux dirigeants ne font plus face et ne tiennent que par un système de défense destructeur, refusant de prendre en compte les éléments humains, fuyant leurs responsabilités et dirigeant par le mensonge et la peur. Les procédés pervers d'un individu peuvent alors être utilisés sciemment par une entreprise qui espère en tirer un meilleur rendement. C'est ce qui s'est passé à l'usine Maryflo, petite entreprise de prêt-à-porter du Morbihan.

Dans cette usine, tout le personnel est féminin, y compris la P-DG. Le seul homme est le directeur. Ce petit chef méprise, humilie, blesse et injurie le personnel au nom du rendement. Ses méthodes : harceler les ouvrières pour augmenter les cadences, chronométrer les pauses, insulter, tout cela avec la complicité de la P-DG, qui connaît très bien ces méthodes et ne trouve rien à y redire.

Les ouvrières finissent par se mettre en grève, mais avant même l'éclatement du conflit, qui durera six mois, les caméras de l'émission « Strip-tease » (France 3) filment cette usine en se focalisant sur le directeur. Quoique se sachant filmé, celui-ci ne change rien à ses méthodes humiliantes : il les trouve légitimes. Pas un instant il ne se remet en question. Lorsque la grève éclate, le 9 janvier 1997, 85 des 108 employées sortent de l'usine pour réclamer la démission du directeur. Elles finissent par l'obtenir, mais 64 ouvrières sont licenciées. Le directeur, dont les méthodes ont pourtant été dénoncées par les médias, retrouve rapidement un poste dans une usine deux fois plus grande.

Le pouvoir constitue une arme terrible lorsqu'il est détenu par un individu (ou un système) pervers.

Clémence est une jeune et belle femme, diplômée d'une école de commerce, titulaire d'un troisième cycle de marketing. À la fin de ses études, elle n'a trouvé qu'un contrat à durée déterminée, puis a connu le chômage. C'est donc un grand soulagement quand elle est recrutée en tant que responsable du marketing et de la communication dans une société en plein essor, dont le P-DG avait jusqu'alors rempli cette fonction. Elle se retrouve seule femme cadre — d'abord sous la responsabilité d'un associé, qui choisit de partir, puis sous les ordres directs du président.

Dès ce moment il se met à la rudoyer : « C'est nul ce que tu as fait ! » « On dirait que tu ne connais rien au marketing ! » Jamais on ne lui a parlé de cette façon, mais elle n'ose rien dire parce qu'elle a peur de perdre un poste qui par ailleurs l'intéresse.

Quand elle fait des suggestions, il se les approprie, puis lui fait remarquer qu'elle ne sert à rien puisqu'elle n'a pas d'initiatives. Si elle proteste, il s'énerve : « Tu fermes ta gueule et tu exécutes ! » Jamais il ne lui demande un travail directement. Il lui balance un dossier sur son bureau avec une petite note à exécuter. Jamais il ne la félicite pour ses bons résultats ou ne l'encourage.

Les commerciaux de l'entreprise, des hommes pour la plupart, qui s'identifient au président, se mettent à leur tour à lui parler mal et à l'éviter. Comme les bureaux ne sont pas cloisonnés, tout le monde espionne tout le monde. Il est beaucoup plus difficile de se défendre.

Un jour elle se risque à parler à son président. Il ne répond rien et regarde ailleurs comme s'il n'avait pas entendu. Quand elle insiste, il joue l'idiot : « Je ne comprends pas ! »

Alors que son métier est avant tout un métier de communication, on lui interdit de déranger les gens en leur parlant directement. Il faut communiquer uniquement par e-mail.

Dans cette société, les postes de téléphone et d'ordinateur sont verrouillés par des codes. À un retour de quelques jours d'arrêt maladie, elle trouve ses codes changés et doit attendre qu'une secrétaire, proche du président, veuille bien déverrouiller son poste. Elle proteste :

« Tu aurais pu remettre les choses en place si tu as utilisé mon poste !

— Ne me fais pas chier, je ne sais pas pour qui tu te prends, tout le monde sait que tu es parano ! »

Par la suite elle apprend que des appels téléphoniques importants ont été court-circuités par cette même secrétaire, sur ordre du président. S'ensuit un échange par e-mail entre la secrétaire et Clémence, avec copie au président. Ignorant délibérément Clémence, le président se contente de rassurer la secrétaire qui s'inquiétait de le déranger.

Petit à petit Clémence perd confiance en elle. Elle met en doute ses propres comportements : « Qu'est-ce que j'ai fait pour qu'ils me traitent comme ça ? » Elle qui était sortie major de son école, se met à douter de ses compétences professionnelles. Elle dort mal, craint le lundi matin où il faut retourner au travail. Elle a des migraines, des crises de larmes quand elle raconte le soir sa journée à son mari. Elle perd tout élan, n'a plus envie de sortir, de voir ses amis.

Les entreprises sont complaisantes par rapport aux abus de certains individus, du moment que cela génère du profit et n'engendre pas trop de révolte. Alors qu'elles pourraient permettre aux hommes de s'épanouir, elles ne font souvent que les briser.

Dans le film *Harcèlement* de Barry Levinson, nous voyons comment une entreprise rend possible une tentative de destruction d'un individu par un autre. L'histoire se déroule dans une entreprise de Seattle spécialisée dans la fabrication de puces électroniques. Lors d'une fusion avec une firme qui, elle, fabrique des programmes, un responsable doit être nommé. Meredith, jouée par Demi Moore, obtient cette promotion inattendue, au détriment de Tom (joué par Michael Douglas) qui avait pourtant plus d'expérience, de professionnalisme et de compétence pour le poste. On pourrait penser que celle-ci savourerait tranquillement sa victoire... Pas du tout, il lui faut aussi la tête de son rival, car elle est surtout envieuse du bonheur des autres. Tom est un homme sain, heureux auprès d'une femme douce et de deux charmants enfants. Meredith, autrefois sa maîtresse, ne peut lui prendre ce bonheur simple. Elle choisit de le détruire. Pour cela, elle se sert du sexe comme d'une arme. Elle lui fait des avances, qu'il repousse. Elle se venge en l'accusant, lui, de harcèlement sexuel. L'agression sexuelle n'est qu'un moyen d'humilier l'autre, de le traiter comme un objet, pour finalement le détruire. Si l'humiliation sexuelle ne suffit pas, elle trouvera d'autres moyens pour « démolir » sa victime.

Dans ce film, nous retrouvons la lutte pour le pouvoir qui caractérise une agression par un pervers narcissique, mais aussi le besoin de tenter de s'approprier, et, si ce n'est pas possible, de détruire, le bonheur de l'autre. Pour cela on utilise ses failles, et s'il n'y en a pas suffisamment on en crée.

Que le point de départ soit un conflit de personnes ou qu'il naisse de la mauvaise organisation de l'entreprise, c'est à celle-ci de trouver une solution, car, s'il y a harcèlement, c'est qu'elle laisse faire. Il y a toujours un moment dans ce processus où elle aurait pu chercher des solutions et intervenir. Mais, malgré l'apparition des directeurs des ressources humaines, les entreprises, sauf exception, prennent rarement en compte le facteur humain et encore moins la dimension psychologique des relations de travail.

Pourtant, les conséquences économiques du harcèlement ne sont pas négligeables pour une entreprise. La détérioration de l'atmosphère de travail a pour corollaire une diminution importante d'efficacité ou de rendement du groupe ou d'une équipe de travail. La gestion du conflit devient la principale préoccupation des agresseurs et des agressés, et parfois même des témoins qui ne sont plus concentrés sur leurs tâches. Les pertes pour l'entreprise peuvent prendre alors des proportions importantes, d'une part par une diminution de la qualité du travail, et d'autre part par l'augmentation des coûts dus à l'absentéisme.

Il peut d'ailleurs arriver que le phénomène s'inverse. L'entreprise devient alors victime des individus qui la dirigent. Elle est vampirisée par des prédateurs dont l'unique souci est de se maintenir dans un système qui les valorise.

Le harcèlement résulte toujours d'un conflit. Reste à savoir si ce conflit provient du caractère des personnes concernées ou s'il s'inscrit dans les structures mêmes de l'entreprise. Tous les conflits ne dégénèrent pas en harcèlement. Pour que cela se produise, il faut la conjonction de plusieurs facteurs : déshumanisation des rapports de travail, toute-puissance de l'entreprise, tolérance ou complicité envers l'individu pervers.

Sur les lieux de travail, c'est aux décideurs (chefs d'entreprise, cadres, agents de maîtrise) de faire ensemble le choix de ne pas *laisser faire,* de refuser le harcèlement, de veiller qu'à chaque échelon la personne humaine soit respectée. Même si aucune loi ne réglemente le harcèlement moral, ils se doivent d'imposer le respect des individus et d'exclure racisme et sexisme à l'intérieur de l'entreprise. Les syndicats, dont le rôle est de défendre les salariés, devraient mettre dans leurs objectifs une protection efficace contre le harcèlement moral et les autres atteintes à la personne.

Il ne faut pas banaliser le harcèlement en en faisant une fatalité de notre société. Ce n'est pas la conséquence de la crise économique actuelle, c'est seulement une dérive d'un laxisme organisationnel.

II

La relation perverse et les protagonistes

3

LA SÉDUCTION PERVERSE

Des cas cliniques décrits, nous pouvons comprendre que la relation de harcèlement se met en place en deux phases, l'une de séduction perverse, l'autre de violence manifeste.

La première phase, que le psychanalyste P.-C. Racamier a appelée « décervelage [1] », peut se dérouler sur plusieurs années. Elle se construit progressivement pendant les premiers temps de la relation, par un processus de séduction. C'est une phase de préparation au cours de laquelle la victime est déstabilisée et perd progressivement confiance en elle.

Il s'agit d'abord de la séduire, puis de l'influencer pour, enfin, la mettre sous emprise, lui retirant en cela toute parcelle de liberté.

La séduction consiste à attirer irrésistiblement, mais aussi, dans un sens plus juridique, à corrompre et suborner. Le séducteur détourne de la réalité, opère par surprise, en secret. Il n'attaque jamais de manière frontale, mais de façon indirecte afin de capter le désir de l'autre, d'un autre qui l'admire, qui lui

---

1. P.-C. RACAMIER, « Pensée perverse et décervelage », *in* « Secrets de famille et pensée perverse », *Gruppo* n° 8, éditions Apsygée, Paris, 1992.

renvoie une bonne image de lui. La séduction perverse se fait en utilisant les instincts protecteurs de l'autre. Cette séduction est narcissique : il s'agit de chercher dans l'autre l'unique objet de sa fascination, à savoir l'image aimable de soi. Par une séduction à sens unique, le pervers narcissique cherche à fasciner sans se laisser prendre. Pour J. Baudrillard[1], la séduction conjure la réalité et manipule les apparences. Elle n'est pas énergie, elle est de l'ordre des signes et des rituels et de leur usage maléfique. La séduction narcissique rend confus, efface les limites de ce qui est soi et de ce qui est autre. On n'est pas là dans le registre de l'aliénation — comme dans l'idéalisation amoureuse où, pour maintenir la passion, on se refuse à voir les défauts ou les défaillances de l'autre —, mais dans le registre de l'incorporation dans le but de détruire. La présence de l'autre est vécue comme une menace, pas comme une complémentarité.

L'influence consiste, sans argumenter, à amener quelqu'un à penser, décider ou se conduire autrement qu'il ne l'aurait fait spontanément. La personne cible de l'influence ne peut consentir *a priori* librement. Le processus d'influence est pensé en fonction de sa sensibilité et de ses vulnérabilités. Cela se fait essentiellement par la séduction et la manipulation. Comme dans toute manipulation, la première étape consiste à faire croire à l'interlocuteur qu'il est libre, même s'il s'agit d'une action insidieuse qui prive de liberté celui qui y est soumis. Il ne s'agit pas là d'argumenter d'égal à égal mais d'imposer, tout en empêchant l'autre de prendre conscience du processus, en l'empêchant de discuter ou de résister. On retire à la victime ses capacités de défense, on lui

1. J. Baudrillard, *De la séduction,* Denoël, Paris, 1979.

retire tout sens critique, éliminant ainsi toute possibilité de rébellion. Nous retrouvons ici toutes les situations où un individu exerce une influence exagérée et abusive sur un autre, et ce à son insu. Dans la vie quotidienne, nous sommes sans cesse manipulés, déstabilisés, rendus confus. À chaque fois, nous sommes furieux contre celui qui nous a escroqués, mais nous avons surtout honte de nous. Ici, il ne s'agit pas d'« arnaque » matérielle, mais d'« arnaque » morale.

L'emprise, c'est la domination intellectuelle ou morale dans une relation de domination. Le pouvoir entraîne l'autre à suivre par la dépendance, c'est-à-dire acquiescement et adhésion. Cela comporte éventuellement des menaces voilées ou des intimidations. Il s'agit d'affaiblir pour mieux faire passer ses idées. Faire accepter quelque chose par la contrainte, c'est avouer qu'on ne reconnaît pas l'autre comme égal. L'emprise peut aller jusqu'à la captation de l'esprit de l'autre, comme dans un véritable lavage de cerveau. Parmi les événements susceptibles d'entraîner des phénomènes de dissociation de la personnalité, mention est faite, dans la classification internationale des maladies mentales, des sujets qui ont été soumis à des manœuvres prolongées de persuasion coercitive telles que lavage de cerveau, redressement idéologique, endoctrinement en captivité.

L'emprise n'existe que dans le champ relationnel : c'est la domination intellectuelle ou morale, l'ascendant ou l'influence d'un individu sur un autre[1]. La victime est prise dans une toile d'araignée, tenue à disposition, ligotée psychologiquement, anesthésiée. Elle n'a pas conscience qu'il y a eu effraction.

---

1. R. DOREY, « La relation d'emprise », *Nouvelle Revue de psychanalyse,* 24, Gallimard, Paris, 1981.

Il y a trois dimensions principales à l'emprise :

— une action d'appropriation par dépossession de l'autre ;

— une action de domination, où l'autre est maintenu dans un état de soumission et de dépendance ;

— une dimension d'empreinte, où l'on veut laisser une marque sur l'autre.

Parce qu'elle neutralise le désir d'autrui et qu'elle abolit toute sa spécificité, l'emprise comporte une indéniable composante destructrice. Petit à petit, la victime voit sa résistance et ses possibilités d'opposition grignotées. Elle perd toute possibilité de critique. Empêchée de réagir, littéralement « sidérée », elle est rendue complice de ce qui l'opprime. Cela ne constitue en aucun cas un consentement : elle est chosifiée ; elle ne peut plus avoir une pensée propre, elle doit penser comme son agresseur. Elle n'est plus *autre* à part entière, elle n'est plus un alter ego. Elle subit sans consentir, voire sans participer.

Dans la stratégie perverse, il ne faut pas d'abord détruire l'autre, mais le soumettre petit à petit et le garder à disposition. Il importe de conserver le pouvoir et de contrôler. Les manœuvres sont d'abord anodines mais deviennent de plus en plus violentes si le partenaire résiste. Si celui-ci est trop docile, le jeu n'est pas excitant. Il faut qu'il y ait suffisamment de résistance pour que le pervers ait envie de poursuivre la relation, mais pas trop pour qu'il ne se sente pas menacé. C'est lui qui doit mener le jeu. L'autre n'est qu'un objet qui doit rester à sa place d'objet, un objet utilisable et non un sujet interactif.

Les victimes décrivent toutes une difficulté à se concentrer sur une activité lorsque leur persécuteur est à proximité. Celui-ci offre à l'observateur l'air de la parfaite innocence. Un grand décalage s'installe entre son confort apparent et le malaise et la souffrance des victimes. Ce dont elles se plaignent, à ce stade, c'est d'être étouffées, de ne rien pouvoir faire seules. Elles décrivent la sensation de n'avoir pas d'espace de pensée.

Elles obéissent d'abord pour faire plaisir à leur partenaire ou pour le réparer puisqu'il a l'air malheureux. Plus tard, elles obéiront parce qu'elles auront peur. Au départ, surtout pour les enfants, la soumission est acceptée comme un besoin de reconnaissance, elle paraît préférable à l'abandon. Comme un pervers donne peu et demande beaucoup, un chantage est implicite, ou tout du moins un doute possible : « Si je me montre plus docile, il pourra enfin m'apprécier ou m'aimer. » Cette quête est sans fin car l'autre ne peut être comblé. Bien au contraire, cette quête d'amour et de reconnaissance déclenche la haine et le sadisme du pervers narcissique.

Le paradoxe de la situation est que les pervers mettent en place une emprise d'autant plus forte qu'ils luttent eux-mêmes contre la peur du pouvoir de l'autre — peur quasi délirante lorsqu'ils ressentent cet autre comme supérieur.

La phase d'emprise est une période où la victime est relativement tranquille si elle est docile, c'est-à-dire si elle se laisse prendre dans la toile d'araignée de la dépendance. C'est déjà l'établissement d'une violence insidieuse qui pourra se transformer progressivement en violence objective. Pendant l'emprise, aucun changement n'est possible, la situation est figée. La peur que chacun des deux protagonistes a de l'autre tend à faire perdurer cette situation inconfortable :

— le pervers est bloqué soit par une loyauté intérieure liée à sa propre histoire qui l'empêche de passer directement à l'acte, soit par sa peur de l'autre ;

— la victime est bloquée par l'emprise qui a été

mise en place et la peur qui en résulte, et par le refus de voir qu'elle est rejetée.

Pendant cette phase, l'agresseur maintient une tension chez l'autre qui équivaut à un état de stress permanent.

L'emprise n'est en général pas apparente pour des observateurs extérieurs. Même devant certaines évidences, ils sont aveuglés. Les allusions déstabilisantes n'apparaissent pas comme telles pour qui ne connaît pas le contexte et les sous-entendus. C'est lors de cette phase que se met en place un processus d'isolement. La position défensive à laquelle est acculée la victime l'amène à des comportements qui agacent l'entourage. Elle devient acariâtre ou geignarde ou obsessionnelle. De toute façon, elle perd sa spontanéité. L'entourage ne comprend pas et est entraîné dans un jugement négatif de la victime.

Le processus emprunte un mode particulier de communication, fait d'attitudes paradoxales, de mensonges, de sarcasmes, de dérision et de mépris.

4

LA COMMUNICATION PERVERSE

La mise en place de l'emprise utilise des procédés qui donnent l'illusion de la communication — une communication particulière, non pas faite pour relier, mais pour éloigner et empêcher l'échange. Cette distorsion dans la communication a pour but d'utiliser l'autre. Pour qu'il continue à ne rien comprendre au processus en cours et le rendre plus confus, il faut le manipuler verbalement. Le *black-out* sur les informations réelles est essentiel pour réduire la victime à l'impuissance.

Même non verbale, même cachée, étouffée, la violence transpire à travers les non-dits, les sous-entendus, les réticences, et, par là même, elle est vecteur d'angoisse.

Refuser la communication directe

Il n'y a jamais de communication directe car « on ne discute pas avec les choses ».

Quand une question directe est posée, les pervers éludent. Comme ils ne parlent pas, on leur prête grandeur ou sagesse. On entre dans un monde dans lequel il y a peu de communication verbale, juste des remarques à petites touches déstabilisantes. Rien n'est nommé, tout est sous-entendu. Il suffit d'un haussement d'épaules, d'un soupir. La victime essaie de comprendre : « Qu'est-ce que je lui ai fait ? Qu'est-ce qu'il a à me reprocher ? » Comme rien n'est dit, tout peut être reproché.

Le déni du reproche ou du conflit par l'agresseur paralyse la victime qui ne peut se défendre. L'agression est perpétrée par le refus de nommer ce qui se passe, de discuter, de trouver ensemble des solutions. S'il s'agissait d'un conflit ouvert, la discussion serait possible et une solution pourrait être trouvée. Mais dans le registre de la communication perverse, il faut avant tout empêcher l'autre de penser, de comprendre, de réagir. Se soustraire au dialogue est une façon habile d'aggraver le conflit, tout en l'imputant à l'autre. Le droit d'être entendu est refusé à la victime. Sa version des faits n'intéresse pas le pervers, qui refuse de l'écouter.

Le refus de dialogue est une façon de dire, sans l'exprimer directement avec des mots, que l'autre ne vous intéresse pas ou même qu'il n'existe pas. Avec n'importe quel autre interlocuteur, si on ne comprend pas, on peut poser des questions. Avec les pervers, le discours est tortueux, sans explication, et conduit à une aliénation mutuelle. On est toujours à la limite de l'interprétation.

Devant le refus de communication verbale directe, il n'est pas rare que la victime ait recours aux courriers. Elle écrit des lettres pour demander des explications sur le rejet qu'elle perçoit, puis, n'ayant pas de réponse, elle écrit à nouveau, cherchant ce qui, dans son comportement, aurait pu justifier une telle attitude. Il se peut qu'elle finisse par s'excuser de ce qu'elle aurait pu faire, consciemment ou non, pour justifier l'attitude de son agresseur.

Ces courriers, laissés sans réponse, sont parfois utilisés par l'agresseur contre sa cible. C'est ainsi qu'après une scène violente où la victime avait reproché à son mari son infidélité et ses mensonges, sa lettre d'excuses s'est retrouvée dans un dépôt de main courante au commissariat, pour violence conjugale : « Regardez, elle reconnaît sa violence ! »

Dans certaines entreprises, les victimes qui, pour se protéger, envoient des lettres recommandées sont qualifiées de paranoïaques procédurières.

Quand il y a une réponse, elle est toujours à côté, indifférente. Une lettre, chargée d'affectivité et d'émotion, d'une femme à son mari : « Dis-moi, qu'y a-t-il en moi de si insupportable pour que tu me haïsses à ce point, que tu n'aies à la bouche que mépris, insultes, crachats ? Pourquoi me parles-tu en termes de reproches, de constatations, sans ouverture, en monologue... » peut s'attirer une réponse savante, mais complètement sans affect : « Je t'explique. Les faits n'existent pas. Tout est révisable. Il n'existe ni références ni vérités évidentes... »

La non-communication se retrouve à tous les niveaux d'expression. Face à sa cible, l'agresseur est tendu, son corps est raide, son regard fuyant : « Mon patron, dès mon entrée dans l'entreprise, me regardait d'une façon telle que j'étais toujours mal à l'aise, je me demandais ce que j'avais fait qui n'allait pas. »

Déformer le langage

On retrouve chez les pervers, quand ils communiquent avec leur victime, une voix froide, blanche, plate, monocorde. C'est une voix sans tonalité affective, qui glace, inquiète, laissant affleurer dans les propos les plus anodins le mépris ou la dérision. La tonalité seule implique, même pour des observateurs neutres, des sous-entendus, des reproches non exprimés, des menaces voilées.

Celui qui a déjà été la cible d'un pervers reconnaît d'emblée cette tonalité froide qui le met sur le qui-vive et déclenche la peur. Les mots n'ont aucune importance, seule importe la menace. Les enfants victimes d'un parent pervers moral décrivent très bien le changement de ton préalable à une agression : « Parfois, lors du dîner, alors qu'il s'était adressé gentiment à mes sœurs, sa voix devenait blanche, cassante. Je savais immédiatement qu'il s'adresserait à moi pour me dire une parole blessante. »

Même lors d'échanges violents le ton ne s'élève pas, laissant l'autre s'énerver seul, ce qui ne peut que le déstabiliser : « Décidément, tu n'es qu'un hystérique qui crie tout le temps ! »

Très souvent, le pervers ne fait pas l'effort d'articuler ou bien grommelle quelque chose quand l'autre est dans une autre pièce. Cela met l'autre dans l'obligation de se déplacer pour entendre ou bien d'être en position de demandeur en faisant répéter. Il est facile ensuite de lui faire remarquer qu'il n'écoute pas.

Le message d'un pervers est délibérément flou et imprécis, entretenant la confusion. Il peut dire : « Je n'ai jamais dit cela », et éviter tout reproche. En utilisant des allusions, il fait passer des messages sans se compromettre.

Offrant des propos sans lien logique, il entretient la coexistence de différents discours contradictoires.

Il peut aussi ne pas terminer ses phrases, laissant des points de suspension qui ouvrent la voie à toutes les interprétations et à tous les malentendus. Ou bien il envoie des messages obscurs et refuse de les expliciter. À la demande de service anodin d'une belle-mère à son gendre :

« Non, ce n'est pas possible !

— Pourquoi ?

— Vous devriez le savoir !

— Non, je ne comprends pas !

— Eh bien, cherchez ! »

Ces propos sont agressifs mais dits sur un ton *normal,* calme, presque détendu, et l'autre, dont la réponse agressive est désamorcée, a l'impression de réagir « à côté ». Devant de telles insinuations, il est logique de chercher ce qu'on a dit ou fait de mal, et de se culpabiliser, à moins de se fâcher et d'ouvrir le conflit. Cette stratégie tombe rarement à plat, car on n'échappe pas à la culpabilisation, sauf à être pervers soi-même.

Les allusions déstabilisantes n'apparaissent pas de façon évidente. C'est une mère disant à sa fille qui essaie vainement d'avoir un enfant : « Écoute, je m'occupe de mes enfants comme je veux, tu t'occupes des tiens comme tu veux ! » : simple lapsus, penserait-on, si cette remarque était suivie d'embarras, de regrets ou d'excuses. Mais il s'agit d'une petite pierre jetée parmi d'autres pierres çà et là sans états d'âme.

Un autre procédé verbal habituel des pervers est d'utiliser un langage technique, abstrait, dogmatique, pour entraîner l'autre dans des considérations auxquelles il ne comprend rien, et pour lesquelles il n'ose pas demander d'explications de peur de passer pour un imbécile.

Ce discours froid, purement théorique, a pour effet d'empêcher celui qui écoute de penser et donc de réagir. Le pervers, en parlant d'un ton très docte, donne l'impression de savoir, même s'il dit n'importe quoi. Il impressionne son auditoire avec une érudition superficielle, utilisant des mots techniques sans se préoccuper de leur sens. L'autre dira plus tard : « Il m'a baratiné, je ne comprends pas pourquoi je n'ai pas réagi ! »

Ce qui importe dans le discours du pervers, c'est la forme plutôt que le fond, paraître savant pour noyer le poisson. Pour répondre à sa femme qui souhaitait parler de leur couple, un mari prend un ton docte : « Tu présentes une problématique typique des femmes castratrices qui projettent sur les hommes leur désir de phallus ! »

Ces interprétations psychanalytiques sauvages réussissent à désorienter l'autre, qui est rarement en état de répliquer pour renverser la situation à son avantage. Les victimes disent souvent que les arguments de leur agresseur sont tellement incohérents qu'elles devraient en rire, mais tant de mauvaise foi les met en colère.

Un autre procédé pervers consiste à nommer les intentions de l'autre ou à deviner ses pensées cachées, comme si on savait mieux que lui ce qu'il pense : « Je sais très bien que tu détestes les Untel et que tu cherches un moyen de ne pas les rencontrer ! »

Mentir

Plus souvent qu'un mensonge direct, le pervers utilise d'abord un assemblage de sous-entendus, de non-dits, destiné à créer un malentendu pour ensuite l'exploiter à son avantage.

Dans son traité *L'Art de la guerre,* rédigé vers le ve siècle avant J.-C., le Chinois Sun Tse enseignait : « L'art de la guerre est l'art de duper, et en donnant toujours l'apparence contraire de ce que l'on est, on augmente les chances de victoire[1]. »

Les messages incomplets, paradoxaux, correspondent à une peur de la réaction de l'autre. On dit sans dire, espérant que l'autre aura compris le message sans que les choses aient besoin d'être nommées. Ces messages ne peuvent être décodés la plupart du temps qu'*a posteriori.*

Dire sans dire est une façon habile de faire face à toute situation.

Ces messages indirects sont anodins, généraux, ou indirectement agressifs — « Les femmes sont redoutables ! » « Les femmes qui travaillent ne font pas grand-chose dans une maison ! » —, ce qui est ensuite corrigé si le partenaire proteste : « Je ne disais pas ça pour toi. Ce que tu peux être susceptible ! »

Il s'agit d'avoir le dessus dans l'échange verbal. Un procédé trop direct amènerait le partenaire à dénoncer l'autoritarisme de l'agresseur. Au contraire, des techniques indirectes le déstabilisent et l'amènent à douter de la réalité de ce qui vient de se passer.

Un autre type de mensonge indirect consiste à répondre de façon imprécise ou à côté, ou par une attaque qui fait diversion. À une femme qui exprimait ses doutes concernant la fidélité de son mari : « Pour dire quelque chose comme ça, il faut que, toi, tu aies quelque chose à te reprocher ! »

1. Sun Tse, *L'Art de la guerre,* traduit du chinois par le père Amiot, Didot l'Aîné, 1772 ; rééd. Agora classiques, Paris, 1993.

Le mensonge peut également s'attacher aux détails : à sa femme qui lui reproche d'être allé huit jours à la campagne avec une fille, le mari répond : « C'est toi la menteuse, d'une part ce n'était pas huit jours mais neuf, et d'autre part il ne s'agissait pas d'une fille mais d'une femme ! »

Quoi que l'on dise, les pervers trouvent toujours un moyen d'avoir raison, d'autant que la victime est déjà déstabilisée et n'éprouve, au contraire de son agresseur, aucun plaisir à la polémique. Le trouble induit chez la victime est la conséquence de la confusion permanente entre la vérité et le mensonge.

Le mensonge chez les pervers narcissiques ne devient direct que lors de la phase de destruction, comme nous pourrons le voir dans le chapitre suivant. C'est alors un mensonge au mépris de toute évidence. C'est surtout et avant tout un mensonge convaincu qui convainc l'autre. Quelle que soit l'énormité du mensonge, le pervers s'y accroche et finit par convaincre l'autre.

Vérité ou mensonge, cela importe peu pour les pervers : ce qui est vrai est ce qu'ils disent dans l'instant. Ces falsifications de la vérité sont parfois très proches d'une construction délirante. Tout message qui n'est pas formulé explicitement, même s'il transparaît, ne doit pas être pris en compte par l'interlocuteur. Puisqu'il n'y a pas de trace objective, cela n'existe pas. Le mensonge correspond simplement à un besoin d'ignorer ce qui va à l'encontre de son intérêt narcissique.

C'est ainsi que l'on voit les pervers entourer leur histoire d'un grand mystère qui induit une croyance chez l'autre sans que rien n'ait été dit : *cacher pour montrer sans dire.*

Manier le sarcasme, la dérision, le mépris

Vis-à-vis du monde extérieur, ce qui domine est le mépris, la dérision. Le mépris concerne le partenaire haï, ce qu'il pense, ce qu'il fait, mais aussi son entourage. Le mépris est l'arme du faible ; il est une protection contre des sentiments indésirables. On se cache derrière un masque d'ironie ou de plaisanterie.

Ce mépris et cette dérision s'attaquent tout particulièrement aux femmes. Dans le cas des pervers sexuels, il y a un déni du sexe de la femme. Les pervers narcissiques, eux, dénient la femme tout entière en tant qu'individu. Ils prennent plaisir à toutes les plaisanteries qui tournent la femme en dérision.

Cela peut être encouragé par la complaisance des témoins :

Lors d'un *talk-show* sur la chaîne américaine NBC, un jeune couple devait débattre en public du problème suivant : « Il ne me supporte pas parce que je ne suis pas un top model. » Le jeune homme expliquait que sa petite amie — la mère de son enfant — n'était pas comme il l'aurait souhaitée : mince, sexy, que ses dents et ses seins étaient imparfaits, et que donc elle n'était pas désirable. Son modèle de référence était Cindy Crawford. Il se montra tellement méprisant que sa femme fondit en larmes. Il n'eut pas alors la moindre émotion, pas un mouvement vers elle.

Les spectateurs devaient donner leur avis. Bien sûr, les femmes présentes protestèrent contre l'attitude de cet homme, certaines donnèrent des conseils à la jeune femme pour améliorer son physique, mais la plupart des hommes se montrèrent complaisants, rajoutant même au passage quelques nouvelles critiques sur le physique de cette pauvre fille.

La psychologue de service expliqua au public qu'il suffisait de regarder Sherry pour voir qu'elle n'avait jamais ressemblé à Cindy Crawford, mais que Bob l'avait pourtant suffisamment aimée pour avoir eu envie de lui faire un enfant. Personne ne s'interrogea sur la complaisance des spectateurs et des organisateurs, ni sur l'humiliation subie par cette femme.

La dérision consiste à se moquer de tout et de tout le monde. La permanence de cette attitude fait tomber la méfiance — c'est une simple façon d'être — mais crée une atmosphère désagréable et place la communication sur un mode qui n'est jamais sincère.

Les méchancetés (vérités qui font mal) ou les calomnies (mensonges) naissent souvent de l'envie. C'est ainsi que :

— une jolie fille qui sort avec un homme plus âgé est une putain ;

— une femme exigeante devient une mal-baisée ;

— une présentatrice de télévision célèbre a forcément couché avec tout le gouvernement pour arriver là ;

— une collègue qui réussit le doit à la « promotion canapé ».

Ce sont en effet les femmes, à travers leur sexe, qui sont le plus souvent visées par ces attaques.

Celui qui utilise la dérision se met dans une position où il est supposé savoir. Il a donc le droit de se moquer de quelqu'un ou de quelque chose, il fait de son interlocuteur un allié.

Le procédé peut être direct : « Mais voyons, tu ne sais pas que... ! » ou indirect : « Tu as vu comme il ou elle était... ? »

Il n'est pas rare que la victime prenne au pied de la lettre les critiques du pervers concernant son entourage et finisse par croire qu'elles sont justifiées.

Les sarcasmes et les remarques acerbes sont acceptés comme le prix à payer pour maintenir une relation avec un partenaire séduisant mais difficile.

Pour avoir la tête hors de l'eau, le pervers a besoin d'enfoncer l'autre. Pour cela, il procède par petites touches déstabilisantes, de préférence en public, à partir d'une chose anodine parfois intime décrite avec exagération, prenant parfois un allié dans l'assemblée.

Ce qui compte, c'est d'embarrasser l'autre. On perçoit l'hostilité, mais on n'est pas sûr qu'il ne s'agit pas d'une plaisanterie. Le pervers paraît taquiner, en réalité il attaque sur des points faibles : un « gros nez », des « seins plats », une difficulté à s'exprimer...

L'agression se fait à bas bruit, par allusions, par sous-entendus, sans que l'on puisse dire à quel moment elle a commencé et si c'en est vraiment une. L'attaquant ne se compromet pas, souvent même il retourne la situation en désignant les désirs agressifs de sa victime : « Si tu penses que je t'agresse, c'est que tu es toi-même agressif ! »

Comme nous l'avons vu dans les cas cliniques, un procédé pervers usuel consiste à affubler l'autre d'un surnom ridicule qui s'appuie sur un travers, une difficulté : *la grosse, le pédé, la grosse loche, le mollasson...* Ces surnoms, même s'ils sont blessants, sont souvent acceptés par l'entourage rendu complice et qui en rit.

Toutes les remarques désagréables constituent des blessures qui ne sont pas compensées par des marques de gentillesse. La peine qui en résulte est déviée par le partenaire qui la tourne en dérision.

Dans ces agressions verbales, ces moqueries, ce cynisme, il y a aussi une part de jeu : c'est le plaisir de la polémique, le plaisir de pousser l'autre à s'opposer. Le pervers narcissique, nous l'avons dit, aime la controverse. Il est capable de soutenir un point de vue un jour et de défendre les idées inverses le lendemain, juste pour faire rebondir la discussion ou, délibérément, pour choquer. Si le partenaire ne réagit pas suffisamment, il suffit d'en rajouter un peu dans la provocation. Le partenaire victime de cette violence ne réagit pas parce qu'il a tendance à excuser l'autre, mais aussi parce que la violence s'installe de façon insidieuse. Une telle attitude violente survenant brusquement ne pourrait que provoquer de la colère, mais sa mise en place progressive désamorce toute réaction. La victime ne repère l'agressivité du message que lorsqu'il est devenu presque une habitude.

Le discours du pervers narcissique trouve des auditeurs qu'il arrive à séduire et qui sont insensibles à l'humiliation subie par la victime. Il n'est pas rare que l'agresseur demande aux regards alentour de participer, bon gré, mal gré, à son entreprise de démolition.

En résumé, pour déstabiliser l'autre il suffit de :

— se moquer de ses convictions, de ses choix politiques, de ses goûts,

— ne plus lui adresser la parole,

— le ridiculiser en public,

— le dénigrer devant les autres,

— le priver de toute possibilité de s'exprimer,

— se gausser de ses points faibles,

— faire des allusions désobligeantes, sans jamais les expliciter,

— mettre en doute ses capacités de jugement et de décision.

User du paradoxe

Sun Tse enseignait également que, pour gagner une guerre, il faut diviser l'armée ennemie avant même de commencer la bataille : « Sans donner de batailles, tâchez d'être victorieux [...]. Avant de combattre, ils [les anciens] tentaient d'affaiblir la confiance de l'ennemi en l'humiliant, en le mortifiant, en soumettant ses forces à rude épreuve [...]. Corrompez tout ce qu'il y a de mieux chez lui par des offres, des présents, des promesses, altérez la confiance en poussant les meilleurs de ses lieutenants à des actions honteuses et viles et ne manquez pas de les divulguer. »

Dans une agression perverse, on assiste à une tentative d'ébranler l'autre, de le faire douter de ses pensées, de ses affects. La victime y perd le sentiment de son identité. Elle ne peut penser, comprendre. Le but est de la nier tout en la paralysant, de façon à éviter l'émergence d'un conflit. On peut l'attaquer sans la perdre. Elle reste à disposition.

Cela se fait dans la double contrainte : quelque chose est dit au niveau verbal et le contraire est exprimé au niveau non verbal. Le discours paradoxal est composé d'un message explicite et d'un sous-entendu, dont l'agresseur nie l'existence. C'est un moyen très efficace pour déstabiliser l'autre.

Une forme de message paradoxal consiste à semer le doute sur des faits plus ou moins anodins de la vie quotidienne. Le partenaire finit par être ébranlé et ne sait plus qui a tort et qui a raison. Il suffit de dire par exemple qu'on est d'accord sur une proposition de l'autre tout en montrant, par des mimiques, que ce n'est qu'un accord de façade.

Quelque chose est dit qui est immédiatement dis-

qualifié, mais la trace reste, sous forme de doute :
« Est-ce qu'il a voulu dire cela, ou bien est-ce moi
qui interprète tout de travers ? » Si la victime essaie
de nommer ses doutes, elle se fait traiter de paranoïaque qui interprète tout de travers.

Le paradoxe vient le plus souvent du décalage
entre les paroles qui sont dites et le ton sur lequel ces
paroles sont proférées. Ce décalage amène les
témoins à se méprendre complètement sur la portée
du dialogue.

Le paradoxe consiste également à faire ressentir à
l'autre de la tension et de l'hostilité sans que rien ne
soit exprimé à son égard. Ce sont des agressions
indirectes où le pervers s'en prend à des objets. Il
peut claquer les portes, jeter les objets, et nier ensuite
l'agression.

Un discours paradoxal rend l'autre perplexe.
N'étant pas très sûr de ce qu'il ressent, il a tendance
à caricaturer son attitude ou à se justifier.

Les messages paradoxaux ne sont pas faciles à
repérer. Leur but est de déstabiliser l'autre en le rendant confus de façon à garder le contrôle, en
l'engluant dans des sentiments contradictoires. On le
met en porte à faux et on s'assure de pouvoir lui donner tort. On l'a dit, la finalité de tout cela est de
contrôler les sentiments et les comportements de
l'autre et même de faire en sorte qu'il finisse par
approuver et se disqualifier lui-même, dans le but de
récupérer une position dominante.

Le plus souvent, les partenaires des pervers, par
esprit de conciliation, choisissent d'accepter le sens
littéral de tout ce qui est dit, niant les signaux non
verbaux contradictoires : « Quand je menace de m'en
aller, mon mari me dit qu'il tient à notre couple.
Même s'il est blessant, humiliant, ça doit quelque
part être vrai ! »

130

À la différence d'un conflit normal, il n'y a pas de vrai combat avec un pervers narcissique, pas non plus de réconciliation possible. Il n'élève jamais le ton, manifeste seulement une hostilité froide, qu'il nie si on lui en fait la remarque. L'autre s'énerve ou crie. Il est alors facile de se moquer de sa colère et de le tourner en ridicule.

Même dans ces cas de conflit apparemment ouvert, le sujet réel de la discorde n'est jamais évoqué vraiment parce que la victime ne sait pas où elle en est. Elle se sent toujours à côté et accumule de la rancœur. Comment nommer de vagues impressions, des intuitions, des sentiments ? Rien n'est jamais concret.

Ces techniques de déstabilisation, si elles peuvent être utilisées par tout le monde, le sont de façon systématique par le pervers, et sans aucune compensation ou excuse.

En bloquant la communication par des messages paradoxaux, le pervers narcissique place le sujet dans l'impossibilité de fournir des réponses appropriées, puisqu'il ne comprend pas la situation. Il s'épuise à trouver des solutions, lesquelles sont de toute façon inadaptées et, quelle que soit sa résistance, ne peut éviter l'émergence de l'angoisse ou de la dépression.

Dans le couple, ce type de communication correspond à une cohérence interne de la relation, et aboutit pendant un temps à une certaine stabilité. Dans un but d'homéostasie, tout ce qui peut désunir le couple est repoussé des deux côtés, permettant une stabilité dans la souffrance, mais une stabilité quand même. Dans d'autres situations, la victime n'a pas d'autre choix que de subir.

La communication perverse est souvent faite de messages subtils qui ne sont pas perçus immédiatement comme étant agressifs ou destructeurs, parce que d'autres messages, émis simultanément, viennent les brouiller. Très souvent, ils ne pourront être décodés que lorsque le destinataire sera sorti de l'emprise.

> Ce n'est que lorsqu'elle les retrouva à l'âge adulte qu'elle perçut l'ambiguïté des cartes postales que son beau-père lui envoyait quand elle était adolescente. Il s'agissait de femmes nues sur la plage. Derrière, le beau-père écrivait : « Je pense beaucoup à toi ! » À l'époque, elle y voyait une marque d'attention, et pourtant cela la mettait en colère. Cette prise de conscience lui permit de déchiffrer d'autres messages qu'elle n'avait pas compris alors, mais qui l'avaient mise mal à l'aise, comme des regards appuyés sur ses seins ou des plaisanteries graveleuses.

Cette illustration de la notion d'« incestualité » définie par Racamier montre à quel point la limite est floue entre perversion morale et perversion sexuelle. Dans les deux cas, on utilise l'autre comme un objet. La « démentalisation » dévalorise et disqualifie un individu mais diffuse également à tout l'entourage, qui ne sait plus qui a fait quoi ou qui a dit quoi. Au-delà de la personne visée, qu'il faut paralyser pour réduire au silence, c'est toute la famille ou l'entourage professionnel ou relationnel qui se trouve dans un état de grande confusion.

Autre point commun : un déplacement de la culpabilité. Par un phénomène de transfert, la culpabilité est portée entièrement par la victime. Il y a une introjection de la culpabilité chez la victime : « Tout est de ma faute ! », et, pour le pervers narcissique, une projection hors de soi-même en rejetant la culpabilité sur l'autre : « C'est de sa faute ! »

Disqualifier

Il s'agit de retirer à quelqu'un toute qualité, de lui dire et de lui répéter qu'il ne vaut rien, jusqu'à l'amener à le penser.

On l'a vu, cela se fait d'abord de façon sous-jacente dans le registre de la communication non verbale : regards méprisants, soupirs excédés, sous-entendus, allusions déstabilisantes ou malveillantes, remarques désobligeantes, critiques indirectes dissimulées dans une plaisanterie, railleries.

Dans la mesure où ces agressions sont indirectes, il est difficile de les considérer clairement comme telles et donc de s'en défendre. Pour peu que les paroles viennent faire écho à une fragilité identitaire, à un manque de confiance antérieur, ou qu'elles s'adressent à un enfant, elles sont incorporées par la victime, qui les accepte comme vérité. « Tu n'es qu'un bon à rien », « Tu es tellement nul (ou moche) que personne, à part moi, ne voudrait de toi, sans moi tu resterais tout seul ! » Le pervers entraîne l'autre et lui impose sa vision falsifiée de la réalité.

À partir de cette phrase exprimée directement ou sous-entendue : « Tu es nul », la victime intègre cette donnée : « Je suis nul », et devient réellement nulle. La phrase n'est pas critiquée en tant que telle. On devient nul parce que l'autre a décrété qu'on l'était.

La disqualification à travers l'usage du paradoxe, du mensonge et d'autres procédés s'étend de la cible désignée à son entourage, sa famille, ses amis, ses connaissances : « Il/elle ne connaît que des cons ! »

Toutes ces stratégies sont destinées à enfoncer l'autre pour mieux se rehausser.

Diviser pour mieux régner

Sun Tse dit encore : « Troublez le gouvernement adverse, semez la dissension chez les chefs en excitant la jalousie ou la méfiance, provoquez l'indiscipline, fournissez des causes de mécontentement [...]. La division de mort est celle par laquelle nous tentons, par des bruits tendancieux, de jeter le discrédit ou la suspicion jusqu'à la cour du Souverain ennemi sur les généraux qu'il emploie. »

Là où le pervers narcissique excelle, c'est dans l'art de monter les gens les uns contre les autres, de provoquer des rivalités, des jalousies. Cela peut se faire par allusions, en insinuant le doute : « Tu ne trouves pas que les Untel sont ceci ou cela ? », ou bien en révélant les propos de l'un sur l'autre : « Ton frère m'a dit qu'il pensait que tu t'étais mal conduit », ou, par des mensonges, en plaçant des gens en rivalité.

La jouissance suprême pour un pervers est de faire accomplir la destruction d'un individu par un autre et d'assister à ce combat d'où les deux sortiront affaiblis, ce qui renforcera sa toute-puissance personnelle.

Dans une entreprise, cela se traduit par des ragots, des sous-entendus, des privilèges accordés à un employé contre un autre, des préférences qui varient. C'est aussi faire courir des rumeurs qui, d'une façon impalpable, viendront blesser la victime sans qu'elle puisse en repérer l'origine.

Dans le couple, cultiver le doute par des allusions, des non-dits, est une façon habile de tourmenter et de maintenir la dépendance du partenaire en cultivant sa jalousie. Celle-ci maintient dans le doute à l'inverse de l'envie qui déclenche des motivations fort bien connues.

Pousser l'autre à la jalousie constitue la trame de la pièce de Shakespeare, *Othello*. Dans cette pièce, Othello n'est pas jaloux par nature, il est décrit comme noble et généreux, peu disposé à croire à l'existence du mal chez les autres. Il n'est pas vindicatif, pas même violent. C'est par suite des manœuvres habiles de Iago qu'il devient jaloux, et le malheureux se refusera d'abord à croire que sa femme est infidèle, tant il a confiance en elle, comme il a confiance en Iago lui-même. Iago déclare, dans un monologue, qu'il aime faire le mal pour l'amour du mal. Plus tard, il laisse échapper l'aveu que la vertu, la noblesse, la « beauté quotidienne » d'un honnête homme comme Cassio, la pureté de Desdémone le choquent et l'excitent à détruire cette vertu, cette beauté. Il y a chez lui une volupté de la bassesse, le désir d'ourdir d'habiles machinations que son intelligence mènera jusqu'au succès.

Provoquer la jalousie chez l'autre est aussi une façon, pour le pervers, de se maintenir hors du champ de la colère ou de la haine. C'est quelque chose qui se passe entre le partenaire et son rival. Lui, le pervers, compte les points. Il ne se salit pas les mains. En amenant l'autre à devenir jaloux, le pervers, qui n'est au fond qu'un envieux, le ramène sur le même plan : « Toi et moi, nous sommes pareils ! »

On a vu que la victime n'ose pas agresser directement son partenaire pervers. Entrer dans le champ de la jalousie est une façon pour elle de continuer à le protéger, en évitant de l'affronter. Il lui est plus facile d'affronter un tiers que le pervers utilise comme proie.

Imposer son pouvoir

On est dans une logique de l'abus de pouvoir où le plus fort soumet l'autre. La prise de pouvoir se fait par la parole. Donner l'impression de savoir mieux, de détenir une vérité, « la » vérité. Le discours du pervers est un discours totalisant qui énonce des propositions qui paraissent universellement vraies. Le pervers « sait », il a raison, et essaie d'entraîner l'autre sur son terrain en l'amenant à accepter son discours. Par exemple, au lieu de dire : « Je n'aime pas Untel ! », il dit : « Untel est un con. Tout le monde le sait, et toi, tu ne peux pas ne pas le penser ! »

Ensuite se met en place une généralisation consistant à faire de ce discours une prémisse universelle. L'interlocuteur se dit : « Il doit avoir raison, il a l'air de savoir de quoi il parle ! » En cela, les pervers narcissiques attirent des partenaires qui ne sont pas sûrs d'eux, qui tendent à penser que les autres savent mieux. Les pervers sont tout à fait rassurants pour des partenaires plus fragiles.

Ce discours autosuffisant où tout est joué d'avance n'est pas loin du processus de mise en place du délire interprétatif paranoïaque. Un paranoïaque doit trouver à chacun un côté négatif, même si les motifs de son dénigrement sont tout à fait aléatoires, liés parfois à une possibilité que l'autre lui offre, mais le plus souvent au hasard des circonstances extérieures.

Un processus de domination s'instaure : la victime se soumet, elle est subjuguée, contrôlée, déformée. Si elle se rebelle, on pointera son agressivité et sa malignité. De toute façon, il se met en place un fonctionnement totalitaire, fondé sur la peur, et qui vise à obtenir une obéissance passive : l'autre doit agir comme le pervers l'entend, doit penser selon ses normes. Plus aucun esprit critique n'est possible. L'autre n'a d'existence que dans la mesure où il se maintient dans la position de double qui lui est assignée. Il s'agit d'annihiler, de nier toute différence.

L'agresseur établit cette relation d'influence pour son propre bénéfice et au détriment des intérêts de l'autre. La relation à l'autre se place dans le registre de la dépendance, dépendance qui est attribuée à la victime, mais que projette le pervers. À chaque fois que le pervers narcissique exprime consciemment des besoins de dépendance, il s'arrange pour qu'on ne puisse pas le satisfaire : soit la demande dépasse les capacités de l'autre et le pervers en profite pour pointer son impuissance, soit la demande est faite à un moment où l'on ne peut y répondre.

Il sollicite le rejet car cela le rassure de voir que la vie est pour lui exactement comme il avait toujours su qu'elle était.

La violence perverse est à distinguer de l'abus de pouvoir direct ou de la tyrannie. La tyrannie est une façon d'obtenir le pouvoir par la force. L'oppression y est apparente. L'un se soumet parce que l'autre a ouvertement le pouvoir. Dans l'abus de pouvoir direct, le but est simplement de dominer.

Un exemple d'abus de pouvoir direct nous est donné par Einstein qui, excédé par la présence de sa première épouse Milena Maric, mère de ses deux enfants, et ne souhaitant pas prendre l'initiative d'une rupture, érige par écrit des conditions draconiennes et humiliantes à la poursuite d'une vie commune (*Le Monde,* 18 novembre 1996) :

« A. Vous veillerez à ce que :

1) mon linge et mes draps soient tenus en ordre ;

2) il me soit servi trois repas par jour dans mon bureau ;

3) ma chambre et mon bureau soient toujours bien tenus et ma table de travail ne soit touchée par nul autre que moi.

B. Vous renoncerez à toute relation personnelle avec moi, excepté celles nécessaires à l'apparence sociale. En particulier vous ne réclamerez pas :

1) que je m'assoie avec vous à la maison ;

2) que je sorte en voyage en votre compagnie.

C. Vous promettrez explicitement d'observer les points suivants :

1) vous n'attendrez de moi aucune affection ; et vous ne me le reprocherez pas ;

2) vous me répondrez immédiatement lorsque je vous adresserai la parole ;

3) vous quitterez ma chambre ou mon bureau immédiatement et sans protester lorsque je vous le demanderai ;

4) vous promettrez de ne pas me dénigrer aux yeux de mes enfants, ni par des mots, ni par des actes. »

Ici, l'abus de pouvoir est clair, il est même écrit. Chez un pervers, la domination est sournoise et niée. La soumission de l'autre ne suffit pas, il faut s'approprier sa substance.

La violence perverse se met en place insidieusement, parfois avec un masque de douceur ou de bienveillance. Le partenaire n'a pas conscience qu'il y a violence, il peut parfois même garder l'illusion qu'il mène le jeu. Il n'y a jamais de conflit franc. Si cette violence peut s'exercer d'une façon souterraine, c'est à partir d'une véritable distorsion de la relation entre le pervers et son partenaire.

5

LA VIOLENCE PERVERSE

Résister à l'emprise, c'est s'exposer à la haine. À ce stade, l'autre, qui n'existait que comme un objet utile, devient un objet dangereux dont il faut se débarrasser par n'importe quel moyen. La stratégie perverse se dévoile au grand jour.

La haine est montrée

La phase de haine apparaît au grand jour lorsque la victime réagit, qu'elle essaie de se poser en tant que sujet et de récupérer un peu de liberté. Malgré un contexte ambigu, elle essaie de mettre une limite. Un déclic lui fait dire : « Ça suffit ! », soit parce qu'un élément extérieur lui a permis de prendre conscience de son asservissement — c'est en général quand elle a vu son agresseur s'acharner sur quelqu'un d'autre —, soit quand le pervers a trouvé un autre partenaire potentiel et essaie de pousser le précédent à partir en accentuant sa violence.

Au moment où la victime donne l'impression de

lui échapper, l'agresseur éprouve un sentiment de panique et de fureur ; il se déchaîne.

Lorsque la victime exprime ce qu'elle ressent, il faut la faire taire.

C'est une phase de haine à l'état pur, extrêmement violente, faite de coups bas et d'injures, de paroles qui rabaissent, humilient, tournent en dérision tout ce qui appartient en propre à l'autre. Cette armure de sarcasme protège le pervers de ce qu'il craint le plus, la communication.

Dans son souci d'obtenir un échange à tout prix, l'autre s'expose. Plus il s'expose, plus il est attaqué, et plus il souffre. Le spectacle de cette souffrance est insupportable au pervers, qui renforce ses agressions pour faire taire sa victime. Lorsque l'autre révèle ses faiblesses, elles sont immédiatement exploitées contre lui par le pervers.

La haine existait déjà lors de la phase d'emprise, mais elle était détournée, masquée par le pervers, de façon à maintenir cette relation figée. Tout ce qui existait déjà de façon souterraine apparaît désormais au grand jour. L'entreprise de démolition devient systématique.

Il ne s'agit pas ici d'amour qui se transforme en haine comme on tend à le croire, mais d'envie qui se transforme en haine. Ce n'est pas non plus cette alternance amour-haine que Lacan appelait « haina-moration » car, de la part du pervers, il n'y a jamais eu amour au sens réel du terme. On peut même, à la suite de Maurice Hurni et Giovanna Stoll[1], parler de haine de l'amour pour décrire la relation perverse. C'est d'abord du non amour sous un masque de désir, non pour la personne elle-même, mais pour ce

1. M. HURNI et G. STOLL, *La Haine de l'amour (La perver-sion du lien)*, L'Harmattan, Paris, 1996.

qu'elle a en plus et que le pervers voudrait s'approprier, puis c'est une haine cachée, liée à la frustration de ne pas obtenir de l'autre autant qu'on le souhaiterait. Quand la haine s'exprime franchement, c'est avec le souhait de la destruction, de l'anéantissement de l'autre. Même avec le temps, le pervers ne renoncera pas à cette haine. C'est une évidence pour lui : « Parce que c'est comme ça ! », même si les motifs de cette haine sont incohérents pour tout autre.

Quand il justifie cette haine, c'est par une persécution de l'autre, qui le placerait lui en état de légitime défense. Comme chez les paranoïaques, apparaissent alors chez lui des idées de préjudice ou de persécution, une anticipation sur les réactions de défense attendues amenant à des conduites délictueuses, et un fonctionnement procédurier. Tout ce qui ne va pas est la faute des autres qui sont unis dans un projet contre lui.

Par un phénomène de projection, la haine de l'agresseur est à la mesure de la haine qu'il imagine que sa victime lui porte. Il la voit comme un monstre destructeur, violent, néfaste. Dans la réalité, la victime, à ce stade, n'arrive à éprouver ni haine ni colère, ce qui pourtant lui permettrait de se protéger. L'agresseur lui attribue une intentionnalité mauvaise et il anticipe en agressant le premier. La victime est de toute façon coupable, en permanence, de délit d'intention.

Cette haine, projetée sur l'autre, est pour le pervers narcissique un moyen de se protéger de troubles qui pourraient être plus grands, du registre de la psychose. C'est aussi un moyen, lorsqu'il s'est engagé dans une nouvelle relation, de se défendre de toute haine inconsciente contre le nouveau partenaire. En focalisant la haine sur le précédent, on protège le nouveau à qui on peut attribuer toutes les vertus.

Lorsque la victime de cette haine prend conscience qu'elle sert à renforcer la nouvelle relation avec le ou la rivale, elle ne peut qu'une fois de plus se sentir piégée, manipulée.

Le monde du pervers narcissique est séparé en bon et mauvais. Il ne fait pas bon être du mauvais côté. La séparation ou l'éloignement ne vient nullement apaiser cette haine.

Dans ce processus chacun a peur de l'autre : l'agresseur craint la toute-puissance qu'il imagine chez sa victime ; la victime craint la violence psychologique mais aussi physique de son agresseur.

La violence est agie

Il s'agit d'une violence froide, verbale, faite de dénigrement, de sous-entendus hostiles, de marques de condescendance et d'injures. L'effet destructeur vient de la répétition d'agressions apparemment anodines mais continuelles, et dont on sait qu'elles ne s'arrêteront jamais. Il s'agit d'une agression à perpétuité. Chaque injure vient faire écho aux injures précédentes et empêche d'oublier, ce qui serait le souhait des victimes, mais ce que refuse l'agresseur.

En surface, on ne voit rien ou presque rien. C'est un cataclysme qui vient faire imploser les familles, les institutions ou les individus. La violence est rarement physique, et dans ce cas, elle est la conséquence d'une réaction trop vive de la victime. En cela, il s'agit d'un crime parfait.

Les menaces sont toujours indirectes, voilées : on s'arrange pour faire savoir par des amis communs, eux-mêmes manipulés, ou par les enfants, ce qui va se passer si la victime ne suit pas les volontés de son partenaire. On envoie des courriers ou des coups de téléphone qui sont souvent décrits comme des colis piégés ou des bombes à retardement.

Si, à une violence subtile (chantage, menaces voilées, intimidations), viennent s'ajouter des violences réelles jusqu'au meurtre, c'est par un dérapage du jeu pervers, car le pervers préfère tuer indirectement ou, plus exactement, amener l'autre à se tuer lui-même.

Les marques d'hostilité n'apparaissent pas dans des moments d'énervement ou de crise. Elles sont là d'une façon constante, permanente, à petites touches, tous les jours ou plusieurs fois par semaine, pendant des mois, voire des années. Elles ne sont pas exprimées sur un ton de colère, mais sur un ton froid, qui énonce une vérité ou une évidence. Un pervers sait jusqu'où il peut aller, il sait mesurer sa violence. S'il sent qu'en face de lui on réagit, il fait habilement marche arrière. L'agression est distillée à petites doses lorsqu'il y a des témoins. Si la victime réagit et tombe dans le piège de la provocation en haussant le ton, c'est elle qui paraît agressive et l'agresseur se pose en victime.

Les sous-entendus font référence à des traces mnésiques que seules les victimes sont en mesure de repérer. Il n'est pas rare que les juges amenés à trancher ces situations compliquées, par exemple dans un cas de divorce, malgré leur méfiance et leurs précautions, soient eux-mêmes troublés et par là même manipulés.

Il s'agit de ce que le professeur Emil Coccaro, dans une étude sur la biologie de l'agressivité, a qualifié d'agressivité prédatrice. Elle est le fait d'individus qui choisissent leur victime et préméditent leur attaque à peu près de la même façon qu'un animal prédateur le fait avec sa proie. L'agression n'est que l'instrument permettant à l'agresseur d'obtenir ce qu'il désire.

C'est également une violence asymétrique. Dans la violence symétrique, les deux adversaires acceptent la confrontation et la lutte. Là, au contraire, celui qui met en acte la violence se définit comme existentiellement supérieur à l'autre, ce qui est généralement accepté par celui qui reçoit la violence. Ce type de violence insidieuse a été qualifiée de « violence punition » par Reynaldo Perrone[1]. Dans ce cas, il n'y a pas de pause, pas de réconciliation, ce qui rend cette violence masquée, intime, verrouillée. Aucun des acteurs n'en parle à l'extérieur. Celui qui inflige la souffrance à l'autre considère qu'il la mérite et qu'il n'a pas le droit de se plaindre. Si la victime réagit et cesse par là même de se comporter en objet docile, elle est considérée comme menaçante ou agressive. Celui qui était au départ initiateur de la violence se pose en victime. La culpabilité interrompt la réaction défensive de la victime. Toute réaction d'émotion ou de souffrance entraîne, chez l'agresseur, une escalade de violence ou une manœuvre de diversion (indifférence, fausse surprise...)

Le processus qui se met en place ressemble à un processus phobique réciproque : la vision de la personne haïe provoque chez le pervers une rage froide ; la vision de son persécuteur déclenche chez la victime un processus de peur.

Lorsqu'un pervers a désigné une proie, il ne la lâche plus. Il est fréquent qu'il le fasse savoir ouvertement : « Désormais, mon seul but dans la vie sera de l'empêcher de vivre. » Et il s'arrange pour que cela devienne vrai.

---

1. R. PERRONE et M. NANNINI, *Violence et abus sexuels dans la famille*, ESF, Paris, 1995.

Le processus circulaire, une fois enclenché, ne peut s'arrêter seul car le registre pathologique de chacun s'amplifie : le pervers devient de plus en plus humiliant et violent, la victime de plus en plus impuissante et meurtrie. Rien ne vient faire la preuve de la réalité subie. Lorsqu'il y a violence physique, des éléments extérieurs sont là pour témoigner : constats médicaux, témoins oculaires, constatations de la police. Dans une agression perverse, il n'y a aucune preuve. C'est une violence « propre ». On ne voit rien.

L'autre est acculé

Lors de la phase d'emprise, l'action du pervers narcissique sur sa victime était essentiellement d'inhiber sa pensée. Dans la phase suivante, il provoque en elle des sentiments, des actes, des réactions, par des mécanismes d'injonction.

Si l'autre a suffisamment de défenses perverses pour jouer le jeu de la surenchère, il se met en place une lutte perverse qui ne se terminera que par la reddition du moins pervers des deux.

Le pervers essaie de pousser sa victime à agir contre lui pour ensuite la dénoncer comme « mauvaise ». Ce qui importe, c'est que la victime paraisse responsable de ce qui lui arrive. L'agresseur se sert d'une faille de l'autre — une tendance dépressive, hystérique ou caractérielle — pour le pousser à la caricature et l'amener à se discréditer lui-même. Pousser l'autre à la faute permet de le critiquer ou de le rabaisser, mais surtout cela lui donne une mauvaise image de lui-même et renforce ainsi sa culpabilité.

Lorsque la victime n'a pas assez de contrôle, il suffit d'en rajouter dans la provocation et le mépris pour obtenir une réaction qu'ensuite on pourra lui reprocher. Par exemple, si la réaction est la colère, on fait en sorte que ce comportement agressif soit repéré de tous, au point que même un spectateur extérieur puisse être amené à appeler la police. On voit même des pervers inciter l'autre au suicide : « Ma pauvre fille, tu n'as rien à attendre de la vie, je ne comprends pas que tu n'aies pas sauté par la fenêtre ! » Il est facile ensuite pour l'agresseur de se présenter en victime d'un malade mental.

Face à quelqu'un qui fige tout, la victime se trouve acculée à agir. Mais, entravée par l'emprise, elle ne peut le faire que dans un sursaut violent pour retrouver sa liberté. Pour un observateur extérieur, toute action impulsive, surtout si elle est violente, est considérée comme pathologique. Celui qui réagit à la provocation apparaît comme responsable de la crise. Coupable pour le pervers, il semble être l'agresseur pour les observateurs extérieurs. Ce que ceux-ci ne voient pas, c'est que la victime est mise à une place où elle ne peut plus respecter un modus vivendi qui est pour elle un piège. Elle est prise dans une double entrave et, quoi qu'elle fasse, elle ne peut s'en sortir. Si elle réagit, elle est génératrice du conflit. Si elle ne réagit pas, elle laisse se répandre la destruction mortifère.

Le pervers narcissique prend d'autant plus de plaisir à pointer la faiblesse de l'autre ou à déclencher sa violence qu'il le conduit à se désavouer. Il l'amène à ne pas être fier de soi. À partir d'une réaction ponctuelle, on lui met une étiquette de caractériel, d'alcoolique, de suicidaire. La victime se sent désar-

146

mée, essaie de se justifier comme si elle était réellement coupable. Le plaisir du pervers est double : en mystifiant ou en humiliant sa victime puis en évoquant ensuite devant elle son humiliation. La victime ressasse tandis que le pervers narcissique tire profit de la situation, en prenant soin, sans le dire, de se présenter en victime.

Puisque rien n'a été dit, puisqu'aucun reproche n'a été fait, aucune justification n'est possible. Afin de trouver une issue à cette situation impossible, la victime peut être tentée de fonctionner elle-même dans le non-dit et la manipulation. La relation devient équivoque : qui est l'agresseur, qui est l'agressé ? L'idéal pour le pervers est de parvenir à ce que l'autre devienne « mauvais », ce qui transforme la malignité en état normal, partagé par tous. Il cherche à injecter en l'autre ce qui est mauvais en lui. Corrompre est le but suprême. Il n'a pas plus grande satisfaction que lorsqu'il entraîne sa cible à devenir destructrice à son tour, ou qu'il amène plusieurs individus à s'entretuer.

Tous les pervers, qu'ils soient sexuels ou narcissiques, cherchent à entraîner les autres dans leur registre puis à les amener à pervertir les règles. Leur force de destruction tient beaucoup à la propagande qu'ils font pour démontrer à l'entourage à quel point l'agressé est « mauvais », qu'il est donc normal de s'en prendre à lui. Parfois ils réussissent, et se créent des alliés qu'ils entraînent hors de leurs limites par un discours de dérision et de mépris des valeurs morales.

Ne pas emmener les autres dans le registre de la violence est un échec pour un pervers, c'est donc le seul moyen d'enrayer la propagation du processus pervers.

6

L'AGRESSEUR

Tout sujet en crise peut être amené à utiliser des mécanismes pervers pour se défendre. Les traits de personnalité narcissiques sont assez communément partagés (égocentrisme, besoin d'admiration, intolérance à la critique); ils ne sont pas pour autant pathologiques. Par ailleurs, il nous est à tous arrivé de manipuler autrui dans le but d'obtenir un avantage, et nous avons tous éprouvé une haine destructrice passagère. Ce qui nous distingue des individus pervers, c'est que ces comportements ou sentiments n'ont été que des réactions passagères, et ont été suivis de remords ou de regrets. Un névrosé assume son unité à travers des conflits internes. La notion de perversité implique une stratégie d'utilisation puis de destruction d'autrui, sans aucune culpabilité.

Nombreux sont les psychanalystes qui revendiquent une part de perversité normale chez chaque individu : « Nous sommes tous des pervers polymorphes ! » Ils font référence à la part perverse qui existe chez tout névrosé et qui lui permet de se défendre. Un pervers narcissique ne se construit qu'en assouvissant ses pulsions destructrices.

La perversion narcissique

Le mot « perversion » est apparu en 1444 dans la langue française (du latin *per-vertere* : retourner, renverser), défini par le changement du bien en mal. Actuellement, dans le sens commun, le mot pervers sous-entend un jugement moral.

Au XIXᵉ siècle, les médecins aliénistes s'intéressèrent à la perversion sur un plan médico-légal, cherchant à établir la non responsabilité des pervers, sans en faire pour autant des déments comme les autres. Ils la définissent alors comme une déviation des instincts : instinct social, moral, nutritionnel...

En 1809, Pinel regroupa sous la désignation « manie sans délire » toute la pathologie liée à la pluralité des instincts : les perversions, les comportements asociaux, la pyromanie, la kleptomanie...

Par la suite, Krafft-Ebing recentra l'intérêt autour des perversions sexuelles.

Le terme de narcissisme apparaît pour la première fois chez Freud en 1910, à propos de l'homosexualité. Par la suite, il distinguera le narcissisme primaire du narcissisme secondaire. Cette notion de narcissisme primaire est sujette à de nombreuses variations dans la littérature psychanalytique. Nous n'entrerons pas dans ce débat, mais il est à noter que Freud, dans les première lignes de *Pour introduire le narcissisme,* déclare avoir emprunté le terme à P. Näcke (1899), qui l'avait utilisé pour décrire une perversion. En fait, Näcke a bien forgé le mot *Narzissmus,* mais pour commenter des vues de H. Ellis qui, le premier en 1898, a décrit un comportement pervers en relation avec le mythe de Narcisse[1].

1. J. Laplanche et J.-B. Pontalis, *Vocabulaire de la psychanalyse,* PUF, Paris, 1968.

Si Freud reconnaît l'existence d'autres pulsions que sexuelles, il ne parle pas à leur propos de perversion. Il existe une ambiguïté dans l'adjectif pervers, qui correspond aux deux substantifs « perversité » et « perversion ». Du point de vue de la psychanalyse, la perversion est une déviation par rapport à l'acte sexuel normal, défini comme coït visant à obtenir l'orgasme par pénétration vaginale, tandis que la perversité qualifierait le caractère et le comportement de certains sujets témoignant d'une cruauté ou d'une malignité particulière. Bergeret[1] différencie les perversions de caractère, qui correspondent aux pervers atteints de perversité, des perversions sexuelles.

Le psychanalyste P.-C. Racamier[2] est un des premiers à avoir élaboré le concept de pervers narcissique. D'autres auteurs, dont Alberto Eiguer[3], ont ensuite tenté d'en donner une définition : « Les individus pervers narcissiques sont ceux qui, sous l'influence de leur soi grandiose, essaient de créer un lien avec un deuxième individu, en s'attaquant tout particulièrement à l'intégrité narcissique de l'autre afin de le désarmer. Ils s'attaquent aussi à l'amour de soi, à la confiance en soi, à l'autoestime et à la croyance en soi de l'autre. En même temps, ils cherchent, d'une certaine manière, à faire croire que le lien de dépendance de l'autre envers eux est irremplaçable et que c'est l'autre qui le sollicite. »

Les pervers narcissiques sont considérés comme des psychotiques sans symptômes, qui trouvent leur

1. J. BERGERET, *La Personnalité normale et pathologique*, Bordas, Paris, 1985.

2. P.-C. RACAMIER, « Pensée perverse et décervelage », *in* « Secrets de famille et pensée perverse », *Gruppo* n° 8, éditions Apsygée, Paris, 1992.

3. A. EIGUER, *Le Pervers narcissique et son complice*, Dunod, Paris, 1996.

équilibre en déchargeant sur un autre la douleur qu'ils ne ressentent pas et les contradictions internes qu'ils refusent de percevoir. Ils « ne font pas exprès » de faire mal, ils font mal parce qu'ils ne savent pas faire autrement pour exister. Ils ont eux-mêmes été blessés dans leur enfance et essaient de se maintenir ainsi en vie. Ce transfert de douleur leur permet de se valoriser aux dépens d'autrui.

Le narcissisme

La perversion narcissique consiste en la mise en place sur une personnalité narcissique d'un fonctionnement pervers.

Dans le DSM IV, manuel de classification internationale des maladies mentales, on ne trouve pas la perversion narcissique parmi les troubles de la personnalité. Sont prises en compte seulement les perversions sexuelles dans la rubrique des troubles sexuels, ou les troubles de la personnalité.

La personnalité narcissique est décrite comme suit (présente au moins cinq des manifestations suivantes) :

— le sujet a un sens grandiose de sa propre importance,

— est absorbé par des fantaisies de succès illimité, de pouvoir,

— pense être « spécial » et unique,

— a un besoin excessif d'être admiré,

— pense que tout lui est dû,

— exploite l'autre dans les relations interpersonnelles,

— manque d'empathie,

— envie souvent les autres,

— fait preuve d'attitudes et de comportements arrogants.

La description qu'a faite Otto Kernberg en 1975 de la pathologie narcissique est très proche de ce qu'on définit actuellement comme la perversion narcissique[1] : « Les principales caractéristiques de ces personnalités narcissiques sont un sentiment de grandeur, un égocentrisme extrême, une absence totale d'empathie pour les autres, bien qu'ils soient avides d'obtenir admiration et approbation. Ces patients ressentent une envie très intense à l'égard de ceux qui semblent posséder les choses qu'ils n'ont pas ou qui simplement semblent tirer plaisir de leur vie. Non seulement ils manquent de profondeur affective et n'arrivent pas à comprendre les émotions complexes des autres, mais leurs propres sentiments ne sont pas modulés et connaissent de rapides flambées suivies de dispersion. Ils ignorent en particulier les sentiments véritables de tristesse et de deuil ; cette incapacité à éprouver des réactions dépressives est un trait fondamental de leur personnalité. Lorsqu'on les abandonne ou qu'on les déçoit, ils peuvent se montrer apparemment déprimés, mais à un examen attentif, il s'agit de colère ou de ressentiment avec des désirs de revanche plutôt que d'une véritable tristesse pour la perte de la personne qu'ils appréciaient. »

Un Narcisse, au sens du Narcisse d'Ovide[2], est quelqu'un qui croit se trouver en se regardant dans le

1. O. KERNBERG, « La personnalité narcissique », *in Borderline Conditions and Pathological Narcissism,* New York, 1975 (Privat pour la traduction française).
2. OVIDE, *Les Métamorphoses* (traduction G. Lafaye), Paris, Gallimard.

miroir. Sa vie consiste à chercher son reflet dans le regard des autres. L'autre n'existe pas en tant qu'individu mais en tant que miroir. Un Narcisse est une coque vide qui n'a pas d'existence propre ; c'est un « pseudo », qui cherche à faire illusion pour masquer son vide. Son destin est une tentative pour éviter la mort. C'est quelqu'un qui n'a jamais été reconnu comme un être humain et qui a été obligé de se construire un jeu de miroirs pour se donner l'illusion d'exister. Comme un kaléidoscope, ce jeu de miroirs a beau se répéter et se multiplier, cet individu reste construit sur du vide.

Le passage à la perversion

Le Narcisse, n'ayant pas de substance, va se « brancher » sur l'autre et, comme une sangsue, essayer d'aspirer sa vie. Étant incapable de relation véritable, il ne peut le faire que dans un registre « pervers », de malignité destructrice. Incontestablement, les pervers ressentent une jouissance extrême, vitale, à la souffrance de l'autre et à ses doutes, comme ils prennent plaisir à asservir l'autre et à l'humilier.

Tout commence et s'explique par le Narcisse vide, construction en reflet, à la place de lui-même et rien à l'intérieur, de la même manière qu'un robot est construit pour imiter la vie, avoir toutes les apparences ou toutes les performances de la vie, sans la vie. Le dérèglement sexuel ou la méchanceté ne sont que les conséquences inéluctables de cette structure vide. Comme les vampires, le Narcisse vide a besoin de se nourrir de la substance de l'autre. Quand il n'y a pas la vie, il faut tenter de se l'approprier ou, si c'est impossible, la détruire pour qu'il n'y ait de vie nulle part.

Les pervers narcissiques sont envahis par un « autre » dont ils ne peuvent se passer. Cet autre n'est même pas un double, qui aurait une existence, seulement un reflet d'eux-mêmes. D'où la sensation qu'ont les victimes d'être niées dans leur individualité. La victime n'est pas un individu autre, mais seulement un reflet. Toute situation qui remettrait en question ce système de miroirs, masquant le vide, ne peut qu'entraîner une réaction en chaîne de fureur destructrice. Les pervers narcissiques ne sont que des machines à reflets qui cherchent en vain leur image dans le miroir des autres.

Ils sont insensibles, sans affect. Comment une machine à reflets pourrait-elle être sensible ? De cette façon, ils ne souffrent pas. Souffrir suppose une chair, une existence. Ils n'ont pas d'histoire puisqu'ils sont absents. Seuls des êtres présents au monde peuvent avoir une histoire. Si les pervers narcissiques se rendaient compte de leur souffrance, quelque chose commencerait pour eux. Mais ce serait quelque chose d'autre, la fin de leur précédent fonctionnement.

La mégalomanie

Les pervers narcissiques sont des individus mégalomanes qui se posent comme référents, comme étalon du bien et du mal, de la vérité. On leur attribue souvent un air moralisateur, supérieur, distant. Même s'ils ne disent rien, l'autre se sent pris en faute. Ils mettent en avant leurs valeurs morales irréprochables qui donnent le change et une bonne image d'eux-mêmes. Ils dénoncent la malveillance humaine.

Ils présentent une absence totale d'intérêt et d'empathie pour les autres, mais ils souhaitent que les autres s'intéressent à eux. Tout leur est dû. Ils critiquent tout le monde, n'admettent aucune mise en cause et aucun reproche. Face à ce monde de pouvoir, la victime est forcément dans un monde de failles. Montrer celles des autres est une façon de ne pas voir ses propres failles, de se défendre contre une angoisse d'ordre psychotique.

Les pervers entrent en relation avec les autres pour les séduire. On les décrit souvent comme des personnes séduisantes et brillantes. Une fois le poisson attrapé, il faut seulement le maintenir accroché tant qu'on en a besoin. Autrui n'existe pas, il n'est pas vu, pas entendu, il est seulement « utile ». Dans la logique perverse, il n'existe pas de notion de respect de l'autre.

La séduction perverse ne comporte aucune affectivité, car le principe même du fonctionnement pervers est d'éviter tout affect. Le but est de ne pas avoir de surprise. Les pervers ne s'intéressent pas aux émotions complexes des autres. Ils sont imperméables à l'autre et à sa différence, sauf s'ils ont le sentiment que cette différence peut les déranger. C'est le déni total de l'identité de l'autre, dont l'attitude et les pensées doivent être conformes à l'image qu'ils se font du monde.

La force des pervers est leur insensibilité. Ils ne connaissent aucun scrupule d'ordre moral. Ils ne souffrent pas. Ils attaquent en toute impunité car même si, en retour, les partenaires utilisent des défenses perverses, ils ont été choisis pour n'atteindre jamais à la virtuosité qui les protégerait.

Les pervers peuvent se passionner pour une personne, une activité ou une idée, mais ces flambées restent très superficielles. Ils ignorent les véritables sentiments, en particulier les sentiments de tristesse ou de deuil. Les déceptions entraînent chez eux de la colère ou du ressentiment avec un désir de revanche. Cela explique la rage destructrice qui s'empare d'eux lors des séparations. Quand un pervers perçoit une blessure narcissique (défaite, rejet), il ressent un désir illimité d'obtenir une revanche. Ce n'est pas, comme chez un individu coléreux, une réaction passagère et brouillonne, c'est une rancune inflexible à laquelle le pervers applique toutes ses capacités de raisonnement.

Les pervers, tout comme les paranoïaques, maintiennent une distance affective suffisante pour ne pas s'engager vraiment. L'efficacité de leurs attaques tient au fait que la victime ou l'observateur extérieur n'imaginent pas qu'on puisse être à ce point dépourvu de sollicitude ou de compassion devant la souffrance de l'autre.

La vampirisation

Le partenaire n'existe pas en tant que personne mais en tant que support d'une qualité que les pervers essaient de s'approprier. Les pervers se nourrissent de l'énergie de ceux qui subissent leur charme. Ils tentent de s'approprier le narcissisme gratifiant de l'autre en envahissant son territoire psychique.

Le problème du pervers narcissique est de remédier à son vide. Pour ne pas avoir à affronter ce vide (ce qui serait sa guérison), le Narcisse se projette dans son contraire. Il devient pervers au sens premier du terme : il se détourne de son vide (alors que le non-pervers affronte ce vide). D'où son amour et sa haine pour une personnalité maternelle, la figure la plus explicite de la vie interne. Le Narcisse a besoin de la chair et de la substance de l'autre pour se remplir. Mais il est incapable de se nourrir de cette substance charnelle, car il ne dispose même pas d'un début de substance qui lui permettrait d'accueillir, d'accrocher et de faire sienne la substance de l'autre. Cette substance devient son dangereux ennemi, parce qu'elle le révèle vide à lui-même.

Les pervers narcissiques ressentent une envie très intense à l'égard de ceux qui semblent posséder les choses qu'ils n'ont pas ou qui simplement tirent plaisir de leur vie. L'appropriation peut être sociale, par exemple séduire un partenaire qui vous introduit dans un milieu social que l'on envie : haute bourgeoisie, milieu intellectuel ou artistique... Le bénéfice de cette opération est de posséder un partenaire qui permet d'accéder au pouvoir.

Ils s'attaquent ensuite à l'estime de soi, à la confiance en soi chez l'autre, pour augmenter leur propre valeur. Ils s'approprient le narcissisme de l'autre.

Pour des raisons qui tiennent à leur histoire dans les premiers stades de la vie, les pervers n'ont pas pu se réaliser. Ils observent avec envie que d'autres individus ont ce qu'il faut pour se réaliser. Passant à côté d'eux-mêmes, ils essaient de détruire le bonheur qui passe près d'eux. Prisonniers de la rigidité de leurs défenses, ils tentent de détruire la liberté. Ne pouvant jouir pleinement de leur corps, ils essaient d'empêcher la jouissance du corps des autres, même chez leurs propres enfants. Étant incapables d'aimer, ils essaient de détruire par cynisme la simplicité d'une relation naturelle.

Pour s'accepter, les pervers narcissiques doivent triompher et détruire quelqu'un d'autre en se sentant supérieurs. Ils jouissent de la souffrance des autres. Pour s'affirmer, ils doivent détruire.

Il y a chez eux une exacerbation de la fonction critique qui fait qu'ils passent leur temps à critiquer tout et tout le monde. De cette façon, ils se maintiennent dans la toute-puissance : « Si les autres sont nuls, je suis forcément meilleur qu'eux ! »

Le moteur du noyau pervers, c'est l'envie, le but, c'est l'appropriation.

L'envie est un sentiment de convoitise, d'irritation haineuse à la vue du bonheur, des avantages d'autrui. Il s'agit d'une mentalité d'emblée agressive qui se fonde sur la perception de ce que l'autre possède et dont on est dépourvu. Cette perception est subjective, elle peut même être délirante. L'envie comporte deux pôles : l'égocentrisme d'une part et la malveillance, avec l'envie de nuire à la personne enviée, d'autre part. Cela présuppose un sentiment d'infériorité vis-à-vis de cette personne, qui possède ce qui est convoité. L'envieux regrette de voir l'autre posséder des biens matériels ou moraux, mais il est plus désireux de les détruire que de les acquérir. S'il les détenait, il ne saurait pas quoi en faire. Il ne dispose pas de ressources pour cela. Pour combler l'écart qui sépare l'envieux de l'objet de sa convoitise, il suffit d'humilier l'autre, de l'avilir. L'autre prend ainsi les traits d'un démon ou d'une sorcière.

Ce que les pervers envient, avant tout, c'est la vie chez l'autre. Ils envient la réussite des autres, qui les met face à leur propre sentiment d'échec, car ils ne sont pas plus contents des autres qu'ils ne le sont d'eux-mêmes ; rien ne va jamais, tout est compliqué, tout est une épreuve. Ils imposent aux autres leur vision péjorative du monde et leur insatisfaction chronique concernant la vie. Ils cassent tout enthousiasme autour d'eux, cherchent avant tout à démontrer que le monde est mauvais, que les autres sont mauvais, que le partenaire est mauvais. Par leur pessimisme, ils entraînent l'autre dans un registre dépressif pour, ensuite, le lui reprocher.

Le désir de l'autre, sa vitalité leur montrent leurs propres manques. On retrouve là l'envie, commune à bien des êtres humains, du lien privilégié que la mère entretient avec son enfant. C'est pour cela qu'ils choisissent le plus souvent leurs victimes parmi des personnes pleines d'énergie et ayant goût à la vie, comme s'ils cherchaient à s'accaparer un peu de leur force. L'état d'asservissement, d'assujettissement de leur victime à l'exigence de leur désir, la dépendance qu'ils créent leur fournissent des témoignages incontestables de la réalité de leur appropriation.

L'appropriation est la suite logique de l'envie.

Les biens dont il s'agit ici sont rarement des biens matériels. Ce sont des qualités morales, difficiles à voler : joie de vivre, sensibilité, qualités de communication, créativité, dons musicaux ou littéraires... Lorsque le partenaire émet une idée, les choses se passent de telle façon que l'idée émise ne reste plus la sienne mais devient celle du pervers. Si l'envieux n'était pas aveuglé par la haine, il pourrait, dans une relation d'échange, apprendre comment acquérir un peu de ces dons. Cela suppose une modestie que les pervers n'ont pas.

Les pervers narcissiques s'approprient les passions de l'autre dans la mesure où ils se passionnent pour cet autre ou, plus exactement, ils s'intéressent à cet autre dans la mesure où il est détenteur de quelque chose qui pourrait les passionner. On les voit ainsi avoir des coups de cœur puis des rejets brutaux et irrémédiables. L'entourage comprend mal comment une personne peut être portée aux nues un jour puis démolie le lendemain sans qu'aucun grief ne se soit apparemment interposé. Les pervers absorbent l'énergie positive de ceux qui les entourent, s'en nourrissent et s'en régénèrent, puis ils se débarrassent sur eux de toute leur énergie négative.

La victime apporte énormément, mais ce n'est jamais assez. N'étant jamais contents, les pervers narcissiques sont toujours en position de victime, et la mère (ou bien l'objet sur lequel ils ont projeté leur mère) est toujours tenue pour responsable. Les pervers agressent l'autre pour sortir de la condition de victime qu'ils ont connue dans leur enfance. Dans une relation, cette attitude de victime séduit un partenaire qui veut consoler, réparer, avant de le mettre dans une position de coupable. Lors des séparations, les pervers se posent en victimes abandonnées, ce qui leur donne le beau rôle et leur permet de séduire un autre partenaire, consolateur.

L'irresponsabilité

Les pervers se considèrent comme irresponsables parce qu'ils n'ont pas de subjectivité véritable. Absents à eux-mêmes, ils le sont tout autant aux autres. S'ils ne sont jamais là où on les attend, s'ils ne sont jamais pris, c'est tout simplement qu'ils ne sont pas là. Au fond, quand ils accusent les autres d'être responsables de ce qui leur arrive, ils n'accusent pas, ils constatent : puisque eux-mêmes ne peuvent être responsables, il faut bien que ce soit l'autre. Rejeter la faute sur l'autre, médire de lui en le faisant passer pour mauvais permet non seulement de se défouler, mais aussi de se blanchir. Jamais responsables, jamais coupables : tout ce qui va mal est toujours de la faute des autres.

Ils se défendent par des mécanismes de projection : porter au crédit d'autrui toutes leurs difficultés et tous leurs échecs et ne pas se mettre en cause. Ils se défendent aussi par le déni de la réalité. Ils escamotent la douleur psychique qu'ils transforment en négativité. Ce déni est constant, même dans les petites choses de la vie quotidienne, même si la réalité prouve le contraire. La souffrance est exclue, le doute également. Ils doivent donc être portés par les autres. Agresser les autres est le moyen d'éviter la douleur, la peine, la dépression.

Les pervers narcissiques ont du mal à prendre des décisions dans la vie courante et ont besoin que d'autres assument les responsabilités à leur place. Ils ne sont absolument pas autonomes, ne peuvent se passer d'autrui, ce qui les conduit à un comportement « collant » et à une peur de la séparation ; pourtant, ils pensent que c'est l'autre qui sollicite la sujétion. Ils refusent de voir le caractère dévorant de leur accrochage à l'autre, qui pourrait entraîner une perception négative de leur propre image. Cela explique leur violence face à un partenaire trop bienveillant ou réparateur. Si au contraire celui-ci est indépendant, il est perçu comme hostile et rejetant.

Ils se sentent mal à l'aise ou impuissants quand ils sont seuls, et cherchent à outrance à obtenir le soutien et l'appui des autres. Ils ont également du mal à initier des projets et à faire des choses seuls. Ils sollicitent le rejet car cela les rassure de voir que la vie est exactement comme ils l'avaient prévu, mais lorsqu'une relation se termine, ils cherchent de manière urgente une autre relation qui puisse leur assurer le soutien dont ils ont besoin.

La paranoïa

Les pervers narcissiques tendent à se présenter comme des moralisateurs : ils donnent des leçons de probité aux autres. En cela ils sont proches des personnalités paranoïaques.

La personnalité paranoïaque se caractérise par :

— l'hypertrophie du moi : orgueil, sentiment de supériorité ;

— la psychorigidité : obstination, intolérance, rationalité froide, difficulté à montrer des émotions positives, mépris d'autrui ;

— la méfiance : crainte exagérée de l'agressivité d'autrui, sentiment d'être victime de la malveillance de l'autre, suspicion, jalousie ;

— fausseté du jugement : elle interprète des événements neutres comme étant dirigés contre elle.

Cependant, à la différence du paranoïaque, le pervers, s'il connaît bien les lois et les règles de la vie en société, se joue de ces règles pour mieux les contourner avec jubilation. Le propre du pervers est de défier les lois. Son but est de dérouter l'interlocuteur, en lui montrant que son système de valeurs morales ne fonctionne pas, et de l'amener à une éthique perverse.

La prise de pouvoir des paranoïaques se fait par la force tandis que celle des pervers se fait par la séduction — mais quand la séduction ne marche plus, ils peuvent recourir à la force. La phase de violence est en elle-même un processus de décompensation paranoïaque : l'autre doit être détruit parce qu'il est dangereux. Il faut attaquer avant d'être soi-même attaqué.

Comme nous l'avons vu, la perversion narcissique est un aménagement qui permet d'éviter l'angoisse en projetant tout ce qui est mauvais à l'extérieur. Il s'agit là d'une défense contre la désintégration psychique. En attaquant l'autre, les pervers cherchent avant tout à se protéger. Là où pourrait apparaître de la culpabilité naît une angoisse psychotique insupportable qui est projetée sur le bouc émissaire avec violence. Celui-ci est le réceptacle de tout ce que son agresseur ne peut pas supporter.

Parce qu'ils ont dû eux-mêmes apprendre dès l'enfance, pour se protéger, à séparer en eux les parties saines des parties blessées, les pervers continuent à fonctionner d'une façon morcelée. Leur monde est divisé en bon et en mauvais. Projeter tout ce qui est mauvais sur quelqu'un d'autre leur permet d'être mieux dans leur vie, et leur assure une relative stabilité. Parce qu'ils se sentent impuissants, les pervers craignent la toute-puissance qu'ils imaginent des autres. Dans un registre quasi délirant, ils se méfient d'eux, leur prêtent une malveillance qui n'est que la projection de leur propre malveillance.

Si ce mécanisme est efficace, la haine projetée sur une cible devenue proie suffit à apaiser les tensions intérieures, ce qui permet au pervers de se montrer d'une compagnie agréable par ailleurs. D'où la surprise ou même le déni des personnes qui apprennent les agissements pervers d'un proche qui n'avait jusqu'alors montré que sa face positive. Les témoignages des victimes ne paraissent pas crédibles.

7

LA VICTIME

La victime objet

La victime est victime parce qu'elle a été désignée par le pervers. Elle devient bouc émissaire, responsable de tout le mal. Elle sera désormais la cible de la violence, évitant à son agresseur la dépression ou la remise en cause.

La victime, en tant que victime, est innocente du crime pour lequel elle va payer. Pourtant, même les témoins de l'agression la soupçonnent. Tout se passe comme si une victime innocente ne pouvait exister. On imagine qu'elle consent tacitement ou qu'elle est complice, consciemment ou non, de son agression.

Selon René Girard[1], dans les sociétés primitives, les rivalités dans les groupes humains produisaient des situations de violence indifférenciée qui se propageaient par mimétisme, et ne trouvaient d'issue que dans une crise sacrificielle amenant l'exclusion (voire la mise à mort) d'un homme, ou d'un groupe d'hommes, désigné comme responsable de la violence. La mort du bouc émissaire entraînait avec elle

1. R. GIRARD, *La Violence et le Sacré*, Grasset, Paris, 1972.

l'évacuation de la violence et la sacralisation de la victime. À notre époque, les victimes ne sont plus sacralisées mais, à défaut de passer pour innocentes, elles doivent passer pour faibles. Il est commun d'entendre dire que si une personne est devenue victime, c'est qu'elle y était prédisposée par sa faiblesse ou ses manques. Nous verrons au contraire, que les victimes sont habituellement choisies pour ce qu'elles ont en plus et que l'agresseur cherche à s'approprier.

Pourquoi a-t-elle été choisie ?

Parce qu'elle était là et que, d'une façon ou d'une autre, elle est devenue gênante. Elle n'a rien de spécifique pour l'agresseur. C'est un objet interchangeable qui était là au mauvais/bon moment et qui a eu le tort de se laisser séduire — et parfois celui d'être trop lucide. Elle n'a d'intérêt pour le pervers que lorsqu'elle est utilisable et qu'elle accepte la séduction. Elle devient un objet de haine dès qu'elle se dérobe ou qu'elle n'a plus rien à donner.

N'étant qu'un objet, peu importe qui elle est. Néanmoins, l'agresseur évite quiconque pourrait le mettre en péril. C'est ainsi qu'il évite soigneusement de s'opposer aux autres pervers narcissiques ou aux paranoïaques, trop proches de lui. Quand pervers et paranoïaques s'associent, cela ne fait que décupler l'effet destructeur sur la victime désignée. C'est ce que l'on voit plus particulièrement dans les groupes et dans les entreprises. Il est plus amusant de mépriser ou de se moquer de quelqu'un devant un spectateur encourageant ! Sans pour autant en faire des complices, il n'est pas rare que les pervers recueillent une approbation tacite de témoins qu'ils ont d'abord déstabilisés, puis plus ou moins convaincus.

Le propre d'une attaque perverse, c'est de viser les

parties vulnérables de l'autre, là où il existe une faiblesse ou une pathologie. Chaque individu présente un point faible qui deviendra pour les pervers un point d'accrochage. De la même façon qu'un alpiniste s'accroche aux failles de la paroi (les prises) pour progresser, les pervers se servent des failles de l'autre. Ils ont une intuition très grande de ses points de fragilité, de là où l'autre pourrait avoir mal, être blessé. Il se peut que cette faille soit justement ce que l'autre refuse de voir en lui-même. L'attaque perverse est alors une révélation douloureuse. Ce peut être un symptôme que l'autre essaie de banaliser, de minimiser, et que l'agression perverse viendra réactiver.

La violence perverse confronte la victime à sa faille, aux traumas oubliés de son enfance. Elle vient exciter la pulsion de mort qui est en germe chez chaque individu. Les pervers cherchent chez l'autre le germe d'autodestruction qu'il suffit ensuite d'activer par une communication déstabilisante. La relation avec les pervers narcissiques fonctionne comme un miroir négatif. La bonne image de soi est transformée en non-amour.

Dire que la victime est complice de son agresseur n'a pas de sens dans la mesure où la victime, du fait de l'emprise, n'a pas eu les moyens psychiques de faire autrement. Elle était paralysée. Le fait qu'elle ait participé de façon passive au processus ne retire rien à sa position de victime : « Si j'ai vécu avec un homme qui ne m'aimait pas, j'y suis pour quelque chose, si je n'ai rien vu quand j'ai été trompée, c'est lié à mon histoire ; mais, ensuite, la façon dont s'est passée la séparation est une chose qui n'était pas prévisible et à laquelle il n'était pas possible de s'adapter. Même si je comprends maintenant que cette attitude ne m'était pas destinée personnellement, je considère qu'il s'agit d'une agression morale terrible, une tentative de meurtre psychique. »

La victime n'est pas en elle-même masochiste ou dépressive. Les pervers vont utiliser la part dépressive ou masochiste qui est en elle.

Comment différencier la complaisance masochiste de l'état dépressif dans lequel se trouve la victime du pervers ?

Est-ce du masochisme ?

Ce qui surprend au premier abord, c'est l'acceptation par les victimes de leur sort.

On a vu que le discours des pervers narcissiques est un discours totalitaire qui nie l'autre dans sa subjectivité. On peut se poser la question de savoir pourquoi cette parole est acceptée et même intériorisée par les victimes. Pourquoi, alors même que la réalité peut démentir ce discours, les victimes continuent-elles à s'y référer ? Nous avons dit qu'elles sont ligotées psychologiquement. Si on se sert d'elles, ce n'est pas pour autant le jeu qu'elles souhaitent jouer.

Freud avait distingué trois formes de masochisme : érogène, féminin et moral[1]. Le masochisme moral serait une recherche active de l'échec et de la souffrance afin d'assouvir un besoin de châtiment. Toujours selon les critères freudiens, le caractère masochiste non seulement se complaît dans la souffrance, les tensions, les tourments, les complications de l'existence, mais il ne manque pas de s'en

1. S. FREUD, *Le Problème économique du masochisme,* PUF, Paris, 1924.

plaindre et de paraître pessimiste. Son comportement maladroit attire les antipathies, les échecs. Il lui est impossible de saisir les joies de la vie. Cette description correspond davantage aux pervers eux-mêmes qu'à leurs victimes, lesquelles, au contraire, apparaissent riches, optimistes, pleines de vie.

Pourtant, de nombreux psychanalystes tendent à considérer toute victime d'une agression perverse comme secrètement complice de son bourreau en instaurant avec lui une relation sadomasochiste, source de jouissance.

Dans les relations sadomasochistes qui correspondent au masochisme érogène freudien, les deux partenaires trouvent leur jouissance dans l'agressivité qu'ils se témoignent. C'est ce qui est admirablement mis en scène dans la pièce *Qui a peur de Virginia Woolf* du dramaturge américain Edward Albee (1962). Il existe alors une symétrie cachée, chacun y trouvant son compte et chacun ayant la possibilité de sortir du jeu s'il le désire.

Mais le fonctionnement pervers consiste à éteindre toute trace de libido. Or la libido, c'est la vie. Il faut donc éteindre toute trace de vie, tout désir, même celui de réagir.

Dans la relation avec les pervers, il n'y a pas symétrie, mais domination de l'un sur l'autre et impossibilité, pour la personne soumise, de réagir et d'arrêter le combat. C'est en cela qu'il s'agit réellement d'une agression. La mise en place préalable de l'emprise a retiré le pouvoir de dire non. Il n'y a pas de négociation possible, tout est imposé. La victime est entraînée dans cette situation perverse à son corps défendant. On a sollicité chez elle la part masochiste qui existe en chaque individu. Elle s'est retrouvée engluée dans une relation destructrice sans avoir les moyens d'y échapper. On l'a accrochée au point même de sa faiblesse, que cette faiblesse soit constitutionnelle ou réactionnelle. « Tout un chacun oscille entre le désir d'indépendance, de maîtrise, de responsabilité, et le besoin infantile de se retrouver dans un état de dépendance, d'irresponsabilité et ainsi d'innocence[1]. » Le tort essentiel de la victime est de n'avoir pas été méfiante, de n'avoir pas pris en considération les messages violents non verbaux. Elle n'a pas su traduire les messages, elle a pris ce qui a été dit au pied de la lettre.

Cette supposée tendance masochiste des victimes, qui désirent être asservies à leur persécuteur, est récupérée par les pervers : « Ça lui plaît, il/elle aime ça ! Il/elle l'a cherché ! » L'excuse est facile ; ils savent mieux que leur victime ce qu'elle ressent : « Je la traite comme ça parce qu'elle aime ça ! »

Or, de nos jours, le masochisme est un objet de honte, de culpabilisation. « Je ne suis pas maso ! » disent les ados. Il faut avoir l'air battant, agressif. Non seulement les victimes souffrent de leur position de victime, mais en plus elles ont honte de ne pas réussir à se défendre.

Ce qui différencie les victimes de pervers des masochistes, c'est que lorsque, au prix d'un immense effort, elles parviennent à se séparer, elles ressentent une immense libération. Elles sont soulagées parce que la souffrance en tant que telle ne les intéresse pas.

Si elles se sont laissé prendre au jeu pervers parfois pendant de longues périodes, c'est qu'elles sont bien vivantes et qu'elles veulent donner la vie, y compris en s'attaquant à la tâche impossible de donner la vie à un pervers : « Avec moi, il va changer ! »

1. F. ROUSTANG, *Comment faire rire un paranoïaque*, Odile Jacob, Paris, 1996.

Leur dynamisme s'accompagne d'une certaine fragilité. En se lançant dans l'entreprise impossible de ressusciter des morts, elles manifestent une certaine incertitude sur leurs propres forces. S'insinue dans leur démarche quelque chose de l'ordre du défi. Elles sont fortes et douées, mais elles ont à se prouver qu'elles le sont. Elles sont vulnérables par l'hésitation qu'elles ressentent sur leurs propres capacités. C'est sans doute ce qui les rend sensibles à la phase de séduction, durant laquelle le pervers ne manque pas de les valoriser. Par la suite, leur obstination peut être dangereuse. Elles ne renoncent pas parce qu'elles ne peuvent pas imaginer qu'il n'y a rien à faire et qu'aucun changement ne peut être attendu. Comme on va le voir, elles se sentiraient coupables d'abandonner leur partenaire.

Si le masochisme représente une caractéristique aussi fondamentale de la victime, comment se fait-il qu'il ne se soit pas manifesté dans un autre contexte et qu'il disparaisse après la séparation d'avec l'agresseur ?

Ses scrupules

La faille à laquelle s'attaquent les pervers chez leur partenaire se situe le plus souvent dans le registre de la dévalorisation et de la culpabilité. Un procédé évident pour déstabiliser l'autre est de l'amener à se culpabiliser. Dans *Le Procès* de Kafka[1], Joseph K est accusé d'avoir commis une faute, mais il ne sait pas laquelle. Il n'aura de cesse

1. F. KAFKA, *Le Procès*, Flammarion, Paris, 1983.

que d'éclaircir cette accusation pour comprendre ce qu'on lui reproche. Il doute de ses souvenirs, finissant par se convaincre qu'il n'est pas lui-même.

La victime idéale est une personne consciencieuse ayant une propension naturelle à se culpabiliser. En psychiatrie phénoménologique, ce type de comportement est connu et décrit, par exemple par Tellenbach[1], psychiatre allemand, comme un caractère prédépressif, le *typus melancolicus*. Ce sont des personnes attachées à l'ordre, dans le domaine du travail et des relations sociales, se dévouant pour leurs proches et acceptant peu que les autres leur rendent service. Cet attachement à l'ordre, ce souci de bien faire conduisent ces personnes à assumer une masse de travail supérieure à la moyenne, qui leur donne bonne conscience, d'où leur sentiment d'être accablées de travail et de tâches jusqu'aux limites du possible.

L'éthologue Boris Cyrulnik[2] notait avec beaucoup de pertinence : « Souvent les mélancoliques épousent des personnes dépourvues d'émotivité. Le moins sensible du couple mène sa petite vie inaffective, d'autant plus tranquillement que le mélancolique du couple, du fait de sa culpabilité permanente, a pris en charge tous les soucis. Il s'occupe de tout, gère les corvées, règle les problèmes jusqu'au moment où, vingt ans plus tard, épuisé par ses sacrifices permanents, il s'effondre en pleurant. Il reproche à son partenaire d'avoir pris la bonne part du couple et de lui avoir laissé toute la souffrance. »

Les prédépressifs gagnent l'amour de l'autre en donnant, se mettent à disposition de l'autre, et

1. H. TELLENBACH, *La Mélancolie* (trad. fr.), PUF, Paris, 1961.
2. B. CYRULNIK, *Sous le signe du lien,* Hachette, Paris, 1989.

éprouvent une grande satisfaction à leur rendre service ou à leur faire plaisir. Les pervers narcissiques en profitent.

De tels sujets supportent mal les malentendus et les maladresses, qu'ils essaient de corriger. En cas de difficulté, ils accentuent leurs efforts, se surmènent, se sentent dépassés par les événements, se culpabilisent, travaillent de plus en plus, se fatiguent, deviennent moins efficaces et, par un cercle vicieux, se culpabilisent toujours plus. Cela peut aller jusqu'à l'auto-accusation : « C'est de ma faute si mon partenaire n'est pas content ou s'il est agressif. » Si une erreur est commise, ils tendent à se l'attribuer. Cette conscience exagérée est liée à la peur de faillir car la pression de la faute, le remords engendrent chez eux une trop grande souffrance.

Ils sont également vulnérables aux jugements d'autrui et à leurs critiques, même si elles ne sont pas fondées. Cela les amène à se justifier en permanence. Les pervers, sentant cette faille, prennent plaisir à instaurer le doute : « Est-ce que je n'aurais pas, sans en avoir conscience, été coupable de ce qu'il me reproche ? » Si les accusations ne sont pas fondées, ces personnes ne sont finalement plus sûres de leur fait et se demandent si elles ne devraient pas malgré tout assumer la faute.

Ce fonctionnement totalisant est le même chez l'agresseur et chez l'agressé. Dans les deux cas, il existe une exacerbation des fonctions critiques, envers l'extérieur pour les pervers, envers soi-même pour les victimes.

Les victimes prennent en fait la culpabilité de l'autre. Elles ont intériorisé ce qui les agresse : le regard, les gestes et les mots. Par un phénomène de projection, les pervers narcissiques déversent leur culpabilité sur leur victime. Lors d'une agression, il suffit aux pervers de nier pour que les victimes doutent. C'est pour cela que certaines victimes ont recours à des stratagèmes pour vérifier après coup la réalité de la violence. Elles gardent des doubles des échanges de courrier, elles s'arrangent pour avoir un témoin caché, ou bien elles enregistrent les conversations téléphoniques.

On retrouve, par ailleurs, chez elles un sentiment d'infériorité sous-jacent, qu'elles arrivent généralement à compenser, à condition qu'on ne leur fournisse pas l'occasion de se sentir en faute. Cette vulnérabilité à la culpabilisation constitue une fragilité face à la dépression. Cela ne constitue pas un état dépressif, marqué par la tristesse et la lassitude, mais c'est, au contraire, un état qui conduit la personne à devenir hyperactive, en interaction forte avec la société.

La rencontre avec un pervers narcissique peut être vécue dans un premier temps comme un stimulant pour sortir de la morosité mélancolique. Dans un article, le psychanalyste anglais Massud Khan décrit en quoi la disposition passive d'une femme prédépressive la rend disponible à une alliance perverse : « Il me semble que la volonté active du pervers ne s'exerce que dans l'aire de l'illusion où sa victime, par l'intermédiaire de sa volonté passive, fait des demandes et souscrit à cette volonté active[1]. » Cela commence comme un jeu, une joute intellectuelle. Il y a là un défi à relever : être ou ne pas être accepté comme partenaire par un personnage aussi exigeant. Les mélancoliques « se font des émotions », ils cherchent dans cette relation une excitation qui leur permettra de sentir quelque chose, et ils

1. M. KHAN, « L'alliance perverse », *Nouvelle Revue de psychanalyse*, 8, 1973.

se valorisent par le choix d'une situation ou d'un partenaire difficile.

On pourrait dire que les victimes potentielles sont porteuses d'une mélancolie partielle avec, d'un côté, un point douloureux qui peut être lié à un traumatisme infantile et, de l'autre, une vitalité très grande. Les pervers ne s'attaquent pas à la part mélancolique mais à la part vivante, à la vitalité qu'ils perçoivent et essaient de s'approprier.

Il s'agit là d'un affrontement entre deux narcissismes. En raison de leur propre déficit narcissique, les victimes sont paralysées par la rage qui les empêche de réagir, car cette rage est censurée ou retournée contre elles-mêmes.

Sa vitalité

Les victimes suscitent l'envie parce qu'elles donnent trop à voir. Elles ne savent pas ne pas évoquer le plaisir qu'elles ont à posséder telle ou telle chose, elles ne savent pas ne pas afficher leur bonheur. Dans de nombreuses civilisations, il est de bon ton de dénigrer les biens matériels ou moraux que l'on possède. Ne pas le faire, c'est s'exposer à l'envie.

Dans notre société, qui prône l'égalité, on a tendance à penser que l'envie est provoquée par l'envié, consciemment ou inconsciemment (par exemple, si l'on se fait voler, c'est que l'on avait trop exhibé ses richesses). Les victimes idéales des pervers moraux sont celles qui, n'ayant pas confiance en elles, se sentent obligées d'en rajouter, d'en faire trop, pour donner à tout prix une meilleure image d'elles-mêmes.

C'est donc la puissance vitale des victimes qui les transforme en proie.

Elles ont besoin de donner et les pervers narcissiques, de prendre : on ne peut rêver rencontre plus idéale... L'un refuse toute culpabilité, l'autre a une propension naturelle à se culpabiliser.

Pour que le jeu en vaille la chandelle, il faut que la victime soit « à la hauteur », c'est-à-dire qu'elle sache résister dans un premier temps, pour finir par céder ensuite.

Sa transparence

Les victimes paraissent naïves, crédules. Ne pouvant imaginer que l'autre est fondamentalement destructeur, elles essaient de trouver des explications logiques et tentent de déjouer un malentendu : « Si je lui explique, il comprendra et s'excusera de son comportement ! » Pour qui n'est pas pervers, il n'est pas possible d'imaginer d'emblée autant de manipulation et de malveillance.

Pour se démarquer de leur agresseur, les victimes se veulent transparentes, et tentent de se justifier. Quand une personne transparente s'ouvre à quelqu'un de méfiant, il est probable que le méfiant prendra le pouvoir. Toutes les clefs que les victimes donnent ainsi à leur agresseur ne font qu'ajouter au mépris qu'il leur manifeste. Face à l'attaque perverse, les victimes se montrent d'abord compréhensives et essaient de s'adapter, elles comprennent ou pardonnent parce qu'elles aiment ou admirent : « S'il est comme ça, c'est parce qu'il est malheureux. Je vais le rassurer, je vais le guérir. » Comme par un sentiment de protection maternelle, elles considèrent qu'elles doivent l'aider car elles sont seules à le comprendre. Elles veulent remplir l'autre en lui donnant leur substance, parfois même elles se sentent investies d'une mission. Elles pensent pouvoir tout comprendre, tout pardonner, tout justifier. Persuadées qu'en parlant elles vont trouver une solution, elles permettent aux pervers, qui refusent tout dialogue, de les mettre en échec de la meilleure façon qui soit. Les victimes nourrissent l'espoir que l'autre change, qu'il comprenne la souffrance qu'il inflige, qu'il regrette. Elles espèrent toujours que leurs explications ou leurs justifications lèveront les malentendus, refusant de voir que ce n'est pas parce qu'on comprend intellectuellement et affectivement qu'il faut tout supporter.

Alors que les pervers narcissiques sont fixés dans leur rigidité, les victimes essaient de s'adapter, de comprendre ce que veut, consciemment et inconsciemment, leur persécuteur, cherchant quelle est leur propre part de culpabilité. La manipulation marche d'autant mieux qu'il s'agit d'une personne à qui la victime avait donné sa confiance (père ou mère, conjoint, patron). Le pardon des victimes ou leur manque de rancune les met en position de pouvoir. C'est intolérable pour l'agresseur car cela marque le désistement de sa victime : « Je ne veux plus jouer avec toi ! » L'agresseur est frustré. Sa victime devient un reproche vivant, ce qui ne peut que le conduire à la haïr encore plus.

Il semble que cette vulnérabilité à l'emprise puisse s'acquérir dès l'enfance. On se demande souvent pourquoi les victimes ne réagissent pas. Nous voyons leur souffrance, l'abdication de leur propre vie, pourtant elles restent là et craignent même d'être abandonnées. Nous savons que partir serait leur sauvegarde, mais elles ne peuvent le faire tant qu'elles ne se sont pas dégagées des traumatismes de l'enfance.

Alice Miller[1] a montré qu'une éducation répressive, destinée à « mater » un enfant « pour son bien », brise sa volonté et l'amène à réprimer ses sentiments véritables, sa créativité, sa sensibilité, sa révolte. Selon elle, ce type d'éducation prédisposerait à toute nouvelle sujétion, que ce soit individuelle par un pervers narcissique, ou collective dans une secte ou un parti politique totalitaire. Ainsi préparé dans l'enfance, un individu se fera manipuler à l'âge adulte.

Ceux qui, dans un climat répressif ou incestuel, auront pu conserver une possibilité de réagir par la parole ou la colère aux vexations et aux humiliations sauront mieux, à l'âge adulte, se protéger face à un pervers narcissique.

Les victimes comprennent, mais en même temps elles « voient ». Elles possèdent une hyperlucidité qui les conduit à nommer la fragilité, les faiblesses de leur agresseur. Une ex-victime dit que dès qu'elle détecte du « faux » chez son interlocuteur, elle se referme. Les victimes voient bien que ce comportement est pathologique : « Je ne mérite pas cette haine, ni par ma grandeur ni par mon indignité ! »

Quand elles commencent à nommer ce qu'elles ont compris, elles deviennent dangereuses. Il faut les faire taire par la terreur.

1. A. Miller, *La Souffrance muette de l'enfant,* Aubier, Paris, 1990.

III

Conséquences pour la victime et prise en charge

Comme dans un film de Hitchcock ou dans *La prisonnière espagnole* de David Mamet (1997), l'intrigue se déroule toujours selon le même schéma : la victime ne voit pas qu'elle est manipulée ; ce n'est que lorsque la violence devient trop manifeste que le mystère est levé avec l'aide d'intervenants extérieurs. Les rapports débutent dans le charme et la séduction et se terminent par des comportements de psychopathe terrifiants. Pourtant, les pervers laissent des indices qui ne seront interprétés qu'*a posteriori,* lorsque la victime sera sortie partiellement de l'emprise et qu'elle comprendra la manipulation.

Nous l'avons vu, lors de la première phase les victimes sont paralysées ; elles seront détruites dans la phase suivante.

8

LES CONSÉQUENCES
DE LA PHASE D'EMPRISE

Le désistement

Lors de la phase d'emprise, les deux protagonistes, à leur insu, adoptent une attitude de désistement pour éviter le conflit : l'agresseur attaque par petites touches indirectes, de façon à déstabiliser l'autre sans provoquer ouvertement le conflit ; la victime se désiste également et se soumet, craignant un conflit qui aboutirait à une rupture. Elle sent qu'il n'y a pas de négociation possible avec l'autre, qui ne cédera pas, et préfère des compromis plutôt que de risquer cette séparation.

Les attitudes d'évitement servent à esquiver l'émergence de l'acte violent sans pour autant changer les conditions qui en provoquent l'apparition. Le désistement de la première phase permet de maintenir coûte que coûte la relation, au détriment de la personne même de la victime. Il y a une sorte d'alliance tacite entre les deux protagonistes. Les victimes des pervers narcissiques, dans un mouvement altruiste illusoire, se résignent ainsi à se soumettre aux abus de l'autre. Tout en se plaignant des attitudes négatives du personnage, elles doivent continuer à en idéaliser d'autres aspects (il est très intelligent, très bon parent...).

Si la victime accepte cette soumission, la relation s'installe sur ce mode d'une façon définitive, l'un étant de plus en plus éteint ou déprimé, l'autre de plus en plus dominant et assuré de son pouvoir.

La confusion

La mise en place de l'emprise rend les victimes confuses ; elles n'osent ou ne savent se plaindre. Elles sont comme anesthésiées, se plaignent d'avoir la tête vide et des difficultés à penser, elles décrivent un véritable appauvrissement, un anéantissement partiel de leurs facultés, une amputation de ce qu'elles avaient de vivant et de spontané.

Même si elles ont parfois un sentiment d'injustice, leur confusion est telle qu'elles n'ont aucun moyen de réagir. En effet, face à un pervers narcissique, à moins d'être soi-même dans le même registre, il est impossible d'avoir le dernier mot ; la seule issue est de se soumettre.

La confusion engendre le stress. Physiologiquement, le stress est maximum quand on est immobilisé et en proie à une grande incertitude. Les victimes disent souvent que ce qui fait naître l'angoisse, ce ne sont pas tant les agressions franches que les situations où elles ne sont pas sûres de ne pas être en partie responsables. Quand leur agresseur est démasqué, elles se disent soulagées.

Après tout ce qu'il m'avait dit, je finissais par croire qu'il avait peut-être raison, que j'étais folle, hystérique. Un jour, il vint me dire comme il l'avait fait souvent, d'un ton glacial et avec un regard de haine que j'étais nulle, incapable, inutile à la société, et que je ferais mieux de me suicider. Par hasard, ma voisine était là, il ne l'avait pas vue. Elle fut terrifiée et me conseilla de porter plainte. Ce fut pour moi un soulagement. Quelqu'un avait compris.

On voit l'importance de la présence inopinée de témoins qui n'ont pas eu le temps d'être influencés par l'un ou l'autre des protagonistes.

La difficulté qu'il y a à décrire le phénomène d'emprise est qu'il se produit d'abord une atténuation des limites intérieures entre les deux partenaires, puis un éclatement de ces limites, et qu'il n'est pas aisé de repérer le moment où s'effectue le basculement dans la violence.

Dans ce combat psychique, les victimes sont vidées de leur substance et renoncent à leur identité propre. Elles perdent toute valeur à leurs propres yeux mais aussi aux yeux de leur agresseur, qui n'a plus qu'à les « jeter » puisqu'il n'y a plus rien à prendre.

Le doute

Lorsqu'elle apparaît ouvertement, la violence, masquée par l'emprise, vient faire effraction dans le psychisme qui n'y était pas préparé puisqu'il était anesthésié par l'emprise. Il s'agit d'un processus impensable. Les victimes et les éventuels témoins ne peuvent pas croire ce qui se déroule sous leurs yeux, car, à moins d'être pervers soi-même, une telle violence sans aucune compassion est inimaginable. On tend à prêter à l'agresseur des sentiments (culpabilité, tristesse, remords) dont il est complètement dépourvu. Dans l'impossibilité de comprendre, la victime se retrouve sidérée, déniant la réalité de ce qu'elle n'est pas en mesure de voir. Cela n'a pas pu se passer, cela n'existe pas !

Face à ce rejet violent, ressenti mais nié verbalement, les victimes essaient en vain de comprendre et de s'expliquer. Elles cherchent des raisons à ce qui leur arrive et, faute de les trouver, perdent de leur assurance, deviennent irritables ou agressives à tout moment et demandent de façon répétitive : « Qu'est-ce que j'ai fait pour qu'on me traite comme ça ! Il doit bien y avoir une raison ? » Elles cherchent des explications logiques alors que le processus est autonome, il n'a plus rien à voir avec elles. Elles disent souvent à leur agresseur : « Dis-moi ce que tu me reproches, dis-moi ce que je dois faire pour que notre relation s'améliore », et celui-ci répond immuablement : « Il n'y a rien à dire, c'est comme ça. De toute façon, tu n'entends rien ! » L'impuissance est la pire des condamnations.

Même si les victimes connaissent leur part de responsabilité dans l'établissement de la violence, elles voient aussi que ce n'est que par ce qu'elles sont qu'elles enclenchent le processus destructeur. Elles sont seules à porter la culpabilité, les agresseurs sont toujours blanchis. Il est difficile de se dégager de cette relation, car les premiers coups portés ont mis en place une culpabilité aliénante. Une fois en position de coupables, les victimes se sentent responsables de ce qu'est cette relation. Leur culpabilité ne tient aucun compte de la réalité. Elles ont intériorisé ce qui les agresse.

Cette culpabilité est souvent renforcée par l'entourage, qui, confus lui aussi, sait rarement soutenir sans juger, et fait des commentaires ou des interprétations sauvages : « Tu devrais être moins ceci ou plus cela !... Tu ne crois pas que tu mets de l'huile sur le feu ? S'il est comme ça c'est parce que tu l'as pris à rebrousse-poil... »

Notre société a une vision négative de la culpabilité : il ne faut pas avoir d'états d'âme, il faut se montrer le plus fort. Comme on dit qu'il n'y a pas de fumée sans feu, la société a tendance à dire qu'il n'y a pas de culpabilité sans faute. Aux yeux des observateurs extérieurs, les pervers font endosser la faute à leur victime.

Le stress

Accepter cette soumission ne se fait qu'au prix d'une tension intérieure importante, permettant de ne pas mécontenter l'autre, de le calmer quand il est énervé, de s'efforcer de ne pas réagir. Cette tension est génératrice de stress.

Face à une situation stressante, l'organisme réagit en se mettant en état d'alerte, avec production de substances hormonales, dépression du système immunitaire et modification des neuro-transmetteurs cérébraux. Au départ, il s'agit d'un phénomène d'adaptation qui permet de faire face à une agression quelle qu'en soit l'origine. Lorsque le stress est ponctuel et que l'individu parvient à le gérer, tout rentre dans l'ordre rapidement. Si la situation se prolonge, ou se répète à intervalles rapprochés, déborde les capacités d'adaptation du sujet, l'activation des systèmes neuroendocriniens perdure. La persistance de taux élevés d'hormones d'adaptation entraîne des troubles qui sont susceptibles de s'installer d'une façon chronique.

Les premiers signes du stress sont, suivant la susceptibilité de l'individu, des palpitations, des sensations d'oppression, d'essoufflement, de fatigue, des troubles du sommeil, de la nervosité, de l'irritabilité, des maux de tête, des troubles digestifs, des douleurs abdominales, ainsi que des manifestations psychiques comme l'anxiété.

La vulnérabilité au stress varie d'un sujet à l'autre. On a longtemps pensé qu'il s'agissait d'une donnée biologique génétique. On sait maintenant que cette fragilité peut s'acquérir progressivement lorsqu'un individu est confronté à des agressions chroniques. Néanmoins, les personnes de caractère impulsif sont plus sensibles au stress, alors que les pervers ne le sont absolument pas. Ils se défoulent en provoquant la souffrance de l'autre. Par exemple, ce sont les seuls qui échappent à la névrose de guerre au retour de combats violents, comme cela a été le cas lors de la guerre du Viêt-nam.

L'agresseur échappe au stress ou à la souffrance interne en rendant l'autre responsable de tous ses dérangements. Chez les victimes, il n'y a pas d'échappatoire puisqu'elles ne comprennent pas le processus en cours. Plus rien n'a de sens, une chose est dite puis son contraire, les évidences sont niées. Elles s'épuisent dans des réponses inadaptées, qui aggravent la violence et entraînent une usure puis un dysfonctionnement neurovégétatif.

Comme ces pressions se poursuivent sur de longues périodes (des mois, parfois des années), la résistance de l'organisme s'épuise, il ne peut plus éviter l'émergence d'une anxiété chronique. Des désordres fonctionnels et organiques peuvent survenir, dus aux à-coups neurohormonaux.

Après une longue série d'échecs, les victimes se découragent et anticipent sur un nouvel échec. Ce qui aggrave en elles le stress et la vanité des tentatives de défense.

Cet état de stress chronique peut se traduire par l'émergence d'un trouble anxieux généralisé, avec un état d'appréhension et d'anticipation permanent, des ruminations anxieuses qu'il est difficile de maîtriser, un état de tension permanente et d'hypervigilance.

La peur

Qu'ils parviennent ou non à leurs fins, les pervers narcissiques sollicitent en l'autre une part de violence qu'ils voudraient méconnaître.

À ce stade, les victimes décrivent toutes un sentiment de peur. Elles sont sur le qui-vive en permanence, guettant le regard de l'autre ou une raideur des gestes, un ton glacial, pouvant masquer une agressivité non exprimée. Elles craignent la réaction de l'autre, sa tension ou sa froideur si elles ne sont pas conformes à ce qu'il attend, des remarques blessantes, des sarcasmes, du mépris, de la dérision.

Que les victimes, terrorisées, se soumettent ou bien qu'elles réagissent, de toute façon, elles sont dans leur tort. Dans le premier cas, les pervers, et peut-être aussi l'entourage, diront que décidément elles sont des victimes-nées ; dans le second, on pointera leur violence, on les accusera d'être responsables de l'échec de la relation, mais aussi de tout ce qui ne va pas par ailleurs, au mépris de toute vraisemblance.

Pour échapper à cette violence, elles ont tendance à être de plus en plus gentilles, de plus en plus conciliantes. Elles ont l'illusion que cette haine pourrait se dissoudre dans l'amour et la bienveillance. Mal leur en prend, car plus on est généreux envers un pervers, plus on le déstabilise. En s'efforçant d'apparaître bienveillant, on ne fait que lui montrer à quel point on lui est supérieur, ce qui, bien entendu réactive sa violence.

Quand la haine survient en retour chez l'agressé, les pervers se réjouissent. Cela les justifie : « Ce n'est pas moi qui le/la hait, c'est lui/elle qui me hait. »

L'isolement

Pour affronter tout cela, les victimes se sentent seules.

Comment en parler à l'extérieur ? La destruction souterraine est indicible. Comment décrire un regard chargé de haine, une violence qui n'apparaît que dans des sous-entendus ou des non-dits ? La violence n'est manifeste que face au partenaire persécuté. Comment les amis pourraient-ils imaginer ce qui se passe ? Quand bien même ils viendraient à savoir la réalité des agressions, ils ne sont eux-mêmes que troublés et horrifiés. Généralement, l'entourage, même proche, se tient à distance : « On ne veut pas être mêlé à ça ! »

Les victimes doutent de leurs propres perceptions, ne sont pas sûres de ne pas exagérer. Quand les agressions se produisent devant témoins, il arrive que les victimes, toujours protectrices de leur agresseur, jugent leurs réactions excessives et se trouvent dans la situation paradoxale de défendre celui qui les agresse afin de ne pas mettre de l'huile sur le feu.

9

LES CONSÉQUENCES
À PLUS LONG TERME

Le choc

Le choc se produit lorsque les victimes prennent conscience de l'agression. Jusqu'alors, elles n'étaient pas méfiantes, elles étaient probablement même trop confiantes. Même si des personnes extérieures leur avaient fait remarquer leur soumission ou leur trop grande tolérance face à un manque de respect évident, elles auraient refusé de le voir. Brutalement, elles comprennent qu'elles ont été le jouet d'une manipulation.

Elles se retrouvent désemparées, blessées. Tout s'écroule. L'importance du traumatisme vient de l'effet de surprise et de leur impréparation, conséquence de l'emprise. Lors du choc émotionnel, douleur et angoisse se mêlent. C'est une sensation d'effraction violente, de sidération, de débordement, d'effondrement que certaines victimes décrivent comme une agression physique : « C'est comme un coup de poignard ! » « Il me dit des mots terribles, et j'ai l'impression d'être comme un boxeur à terre qu'on continue à rouer de coups ! »

Singulièrement, on voit rarement apparaître des

mouvements de colère ou de révolte, même après que les victimes ont pris la décision de la séparation. Pourtant, la colère permettrait la libération. Les victimes savent pointer l'injustice de leur sort mais ne peuvent pour autant se révolter. La colère ne viendra que plus tard et ce sera le plus souvent une colère censurée et donc inefficace. Pour éprouver vraiment une colère libératrice, il faudra que les victimes sortent de l'emprise.

Quand elles prennent conscience de la manipulation, les victimes se sentent flouées, comme quelqu'un qui vient de subir une escroquerie. On retrouve toujours le même sentiment d'avoir été trompé, abusé, de n'avoir pas été respecté. Elles découvrent un peu tard qu'elles sont victimes, qu'on s'est joué d'elles. Elles perdent l'estime d'elles-mêmes et leur dignité. Elles ont honte des réactions que cette manipulation a provoquées en elles : « J'aurais dû réagir plus tôt ! » « Pourquoi n'ai-je rien vu ? »

La honte vient de la prise de conscience de leur complaisance pathologique qui a permis la violence de l'autre.

Parfois, les personnes désirent alors se venger, mais le plus souvent elles sont à la recherche d'une réhabilitation, d'une reconnaissance de leur identité. Elles espèrent des excuses, qu'elles n'auront pas, de leur agresseur. Si elles obtiennent réparation, c'est beaucoup plus tard, de la part des témoins ou des complices passifs qui, manipulés par le pervers, se sont joints à l'agression.

La décompensation

Les victimes, affaiblies lors de la phase d'emprise, se sentent maintenant directement agressées. Les capacités de résistance d'un individu ne sont pas illimitées, elles s'érodent progressivement et conduisent à un épuisement psychique. Au-delà d'une certaine quantité de stress, le travail d'adaptation ne peut plus se faire, et il y a décompensation. Des troubles plus durables se mettent en place.

C'est en général au stade de la décompensation que nous, psychiatres, rencontrons ces victimes. Elles présentent un état anxieux généralisé, des troubles psychosomatiques ou un état dépressif. Chez des sujets plus impulsifs, la décompensation peut se faire par des passages à l'acte violents qui conduisent en hôpital psychiatrique. Aux yeux des agresseurs, il n'est pas rare que ces troubles soient comme une justification du harcèlement.

D'une façon étonnante, à ce stade, lorsque nous voyons des salariés harcelés sur leur lieu de travail et que nous leur proposons un arrêt de travail, il est rare qu'ils l'acceptent : « Si je m'arrête, cela va être pire ! On va me le faire payer ! » La peur fait tout accepter.

Ces états dépressifs sont liés à l'épuisement, à un trop-plein de stress. Les victimes se sentent vides, fatiguées, sans énergie. Plus rien ne les intéresse. Elles n'arrivent plus à penser ou à se concentrer, même sur des activités très banales. Peuvent survenir alors des idées de suicide. Le risque est le plus grand au moment où elles prennent conscience qu'elles ont été flouées et que rien ne leur permettra d'être reconnues dans leur bon droit. Quand il y a suicide ou tentative de suicide, cela conforte les pervers dans leur certitude que l'autre était faible, dérangé, fou, et

que les agressions qu'on leur faisait subir étaient justifiées.

Lors d'une agression perverse, l'agresseur fait en
sorte d'apparaître tout-puissant, donnant à voir
rigueur morale et sagesse. La désillusion, pour la victime crédule, en est d'autant plus grande. D'une
façon générale, parmi les événements de la vie susceptibles de déclencher un état dépressif, on ne retrouve pas seulement des expériences de deuil ou de
séparation, mais aussi la perte d'un idéal ou d'une
idée surévaluée. Il en résulte un sentiment d'inutilité,
d'impuissance, de défaite. Plus qu'une situation difficile ou dangereuse, c'est l'expérience de défaite et
d'impuissance, le sentiment d'être humilié et pris au
piège qui peut être l'élément déclencheur d'un épisode dépressif.

Dans une situation de harcèlement, après de nombreux échecs de dialogue s'installe un état d'anxiété
permanent, « gelé », entretenu par d'incessantes
agressions — prélude à un état d'appréhension et
d'anticipation chroniques qui nécessite souvent une
consommation accrue de médicaments.

Chez d'autres victimes, la réponse est physiologique : ulcères de l'estomac, maladies cardio-vas-
culaires, maladies de peau... On en voit certaines
maigrir, s'affaiblir, exprimant par leur corps une
atteinte psychique dont elles ne prennent pas
conscience et qui peut aller jusqu'à la destruction de
leur identité. Les troubles psychosomatiques ne
résultent pas directement de l'agression, mais du fait
que le sujet est dans l'incapacité de réagir. Quoi qu'il
fasse il a tort, quoi qu'il fasse il est coupable.

Pour d'autres encore, la réponse, comportementale, caractérielle, résulte directement de la provocation perverse. Ce sont de vaines tentatives de se faire
entendre — une crise de nerfs en public, par

exemple, ou bien un passage à l'acte agressif à l'encontre de l'agresseur — qui viendront encore justifier l'agression : « Je vous avais prévenu, il/elle est complètement malade ! »

On sait que l'agressivité impulsive, tout comme l'agressivité prédatrice, peut mener au crime violent, mais il semblerait que le risque de crime violent soit plus important chez les individus présentant une agressivité de type impulsif. Les pervers, pour prouver que leur victime est mauvaise, sont prêts à susciter chez elle de la violence à leur égard. Dans le film *Passage à l'acte* de Francis Girod (1996), un pervers manipule son psychanalyste jusqu'à l'amener à le tuer. Il aura mené le jeu jusqu'au bout. Il arrive que la victime retourne cette violence contre elle-même, le suicide étant l'unique solution pour se débarrasser de son agresseur.

Autre conséquence, souvent ignorée, du traumatisme : la dissociation (Spiegel, 1993[1]) que l'on peut décrire comme un éclatement de la personnalité. Elle est définie dans le DSM-IV comme la survenue d'une perturbation touchant des fonctions normalement intégrées comme la conscience, la mémoire, l'identité ou la perception de l'environnement. C'est un phénomène de défense contre la peur, la douleur ou l'impuissance face à un événement traumatique qui est si étranger à ce qui peut normalement se concevoir que le psychisme n'a d'autre recours que de le déformer ou le chasser de sa conscience. La dissociation opère une séparation entre le supportable et l'insupportable, lequel serait voué à l'amnésie. Elle filtre l'expérience vécue, amenant ainsi un soulagement et une protection partielle.

1. C. CLASSEN, C. KOOPMAN et D. SPIEGEL, « Trauma and Dissociation », *Bulletin of the Menninger Clinic,* vol. 57, n° 2, 1993.

Le phénomène de dissociation vient renforcer l'emprise et constituera une difficulté supplémentaire dont il faudra tenir compte dans la thérapie.

La séparation

Face à une menace qui apparaît de plus en plus clairement, les victimes peuvent réagir de deux façons :

— se soumettre et accepter la domination, l'agresseur pouvant dès lors poursuivre tranquillement son œuvre de destruction ;

— se révolter et combattre, pour partir.

Soumises à une emprise trop forte ou trop ancienne, certaines personnes ne sont capables ni de fuir ni de combattre. Elles vont parfois consulter un psychiatre ou un psychothérapeute, mais annoncent d'emblée qu'elles refusent toute remise en question fondamentale. Elles veulent seulement « tenir le coup », supporter leur situation d'asservissement sans trop de symptômes et continuer à faire bonne figure. Ces personnes préfèrent habituellement un traitement médicamenteux plutôt qu'une psychothérapie longue. Cependant, les états dépressifs se succédant, il peut y avoir un abus de médicaments anxiolytiques ou de substances toxiques, et le psychiatre sera amené à proposer de nouveau une psychothérapie. Lorsque le processus de harcèlement est en place, en effet, il est rare qu'il cesse autrement que par le départ de la victime, et ce ne sont pas des médicaments qui permettront à celle-ci de sauver sa peau.

Le plus souvent, les victimes réagissent quand

elles peuvent voir cette violence en action sur une autre personne ou quand elles ont pu trouver un allié ou un appui extérieur.

La séparation, quand elle peut se faire, est le fait des victimes, jamais des agresseurs. Ce processus de libération se fait dans la douleur et la culpabilité, car les pervers narcissiques se posent en victimes abandonnées et trouvent là un nouveau prétexte à leur violence. Dans un processus de séparation, les pervers s'estiment toujours lésés et deviennent procéduriers, profitant de ce que leur victime, pressée d'en finir, est encore prête à toutes les concessions.

Dans le couple, le chantage et la pression s'exercent à travers les enfants, quand il y en a, ou dans des procédures concernant les biens matériels. En milieu professionnel, il n'est pas rare qu'un procès soit intenté à la victime, laquelle est toujours coupable de quelque chose, par exemple d'avoir emporté chez elle un document important. De toute façon, l'agresseur se plaint qu'il est lésé, alors que c'est la victime qui perd tout.

L'évolution

Même si les victimes, au terme d'un effort de séparation, perdent tout contact avec leur agresseur, on ne peut nier les conséquences dramatiques d'un passage de la vie où elles auront été réduites à la position d'objet. À partir de là, tout souvenir ou nouvel événement prendra un autre sens, lié à l'expérience vécue.

L'éloignement physique d'avec leur agresseur constitue, dans un premier temps, une libération pour les victimes : « Je peux enfin respirer ! » Passée la phase de choc, réapparaît un intérêt pour le travail ou les activités de loisir, une curiosité pour le monde ou pour les gens, toutes choses jusqu'alors bloquées par la dépendance. Néanmoins, cela ne va pas sans difficultés.

Parmi les victimes de harcèlement, quelques-unes s'en sortent sans séquelles psychiques autres qu'un mauvais souvenir bien maîtrisé — cela est surtout vrai lorsque le harcèlement a été extra-familial, et de courte durée. Beaucoup éprouvent des phénomènes désagréables de réminiscence de la situation traumatique, mais elles l'acceptent.

Les tentatives d'oubli conduisent le plus souvent à l'apparition de troubles psychiques ou somatiques retardés, comme si la souffrance était demeurée un corps étranger dans le psychisme, à la fois actif et inaccessible.

La violence vécue peut laisser des traces bénignes, compatibles avec la poursuite d'une vie sociale pratiquement normale. Les victimes paraissent psychiquement indemnes, mais des symptômes moins spécifiques persistent, qui sont comme une tentative d'escamoter l'agression subie. Ce peut être de l'anxiété généralisée, de la fatigue chronique, de l'insomnie, des maux de tête, des douleurs multiples ou des troubles psychosomatiques (hypertension artérielle, eczéma, ulcère gastro-duodénal...), mais surtout des conduites de dépendance (boulimie, alcoolisme, toxicomanie). Quand ces personnes consultent leur médecin généraliste, elles se font prescrire un médicament symptomatique ou un anxiolytique. Aucun lien n'est fait, car la victime n'en parle pas, entre la violence qu'elle a subie et les troubles qu'elle présente.

Il arrive que les victimes se plaignent, *a posteriori*,

d'une agressivité incontrôlable, qui est un reliquat du temps où elles étaient dans l'impossibilité de se défendre, et qui peut être aussi interprétée comme une violence transmise.

D'autres victimes vont développer toute une série de symptômes qui se rapprochent de la définition du stress post-traumatique du DSM-IV. Cette définition correspond à peu près à l'ancienne définition européenne de la névrose traumatique, développée à partir de la névrose de guerre durant la Première Guerre mondiale[1] et particulièrement étudiée par les Américains chez les anciens combattants du Viêt-nam. Plus tard, ce diagnostic a été utilisé pour décrire les conséquences psychologiques des catastrophes naturelles ou des agressions à main armée ou des viols. Ce n'est que très récemment qu'il a été utilisé à propos de la violence conjugale[2]. Il n'est pas habituel de parler de stress post-traumatique à propos de victimes de perversion morale, car on réserve cette dénomination aux personnes ayant été confrontées à un événement dans lequel leur sécurité physique ou celle d'autrui a été menacée. Néanmoins, le général Crocq, spécialiste de la victimologie en France, considère que les menacés, les harcelés et les diffamés sont des victimes psychiques[3]. Ces victimes, comme des victimes de guerre, ont été placées dans un « état de siège » virtuel qui les a obligées à être sur la défensive en permanence.

1. S. FERENCZI, « Psychanalyse des névroses de guerre (1918) », *in Psychanalyse III,* trad. fr., Payot, Paris, 1990.
2. M.A. DUTTON et L. GOODMAN, « Post-traumatic Stress Disorder among Battered Women : Analysis of Legal Implications », *Behavioral Sciences and the Law,* vol. 12, 215-234, 1994.
3. L. CROCQ, « Les victimes psychiques », *Victimologie,* novembre 1994.

Les agressions ou les humiliations sont inscrites dans la mémoire et sont revécues par des images, des pensées, des émotions intensives et répétitives, soit dans la journée, avec des impressions brusques d'imminence d'une situation identique, soit durant le sommeil, provoquant des insomnies et des cauchemars. Les victimes ont besoin de parler des événements traumatisants mais les évocations du passé amènent à chaque fois des manifestations psychosomatiques équivalentes à la peur. Elles présentent des troubles de la mémoire et de la concentration. Parfois, elles perdent l'appétit ou ont au contraire des conduites boulimiques, augmentent leur consommation d'alcool ou de tabac.

À plus long terme, la peur d'affronter l'agresseur et le souvenir de la situation traumatisante entraînent un comportement d'évitement. Elles mettent en place des stratégies pour ne pas penser à l'événement stressant et pour éviter tout ce qui pourrait évoquer ce souvenir douloureux. Cette mise à distance pour essayer d'échapper à une partie des souvenirs entraîne parfois aussi une réduction nette de l'intérêt pour des activités autrefois importantes ou une restriction des affects. En même temps persistent des signes neurovégétatifs tels que des troubles du sommeil ou de l'hypervigilance.

Ces reviviscences douloureuses sont décrites par presque toutes les personnes qui ont été victimes de harcèlement, mais certaines d'entre elles réussiront à s'en dégager en s'investissant dans des activités extérieures, professionnelles ou bénévoles.

Avec le temps, l'expérience vécue ne s'oublie pas, mais elle peut être de moins en moins partagée. Comment les victimes pourraient-elles dire que, dix ou vingt ans après, elles continuent à avoir un sentiment de détresse quand des images de leur persécuteur s'imposent à elles. Même si elles ont retrouvé une vie épanouissante, ces souvenirs peuvent toujours amener une souffrance fulgurante. Des années après, tout ce qui évoquera de près ou de loin ce qu'elles ont subi les fera fuir car le traumatisme a développé en elles une capacité à repérer mieux que d'autres les éléments pervers d'une relation.

Pour ceux qui ont été harcelés dans l'entreprise, l'importance des conséquences à long terme n'est souvent perçue que lorsque, après un long arrêt de travail, ils paraissent aller mieux et qu'il leur est suggéré de retravailler. On voit alors réapparaître les symptômes : crises d'angoisse, insomnie, idées noires. Le patient entre dans une spirale : rechute, nouvel arrêt de travail, reprise, rechute... qui peut conduire à la désinsertion.

Il arrive aussi que, lorsque les victimes n'arrivent pas à se dégager de l'emprise, la vie s'arrête à ce traumatisme : l'élan vital est émoussé, la joie de vivre disparaît et toute initiative personnelle est impossible. Elles restent dans la plainte d'avoir été abandonnées, trompées, bafouées. Elles deviennent aigries, susceptibles, irritables, dans un registre de retrait social et de ruminations amères. Ces victimes-là ressassent et leur entourage le supporte mal : « C'est une vieille histoire, tu devrais penser à autre chose ! »

Pourtant, que ce soit dans les familles ou dans les entreprises, les victimes réclament rarement vengeance. Elles demandent avant tout la reconnaissance de ce qu'elles ont enduré, même s'il n'est jamais possible de réparer complètement une injustice. Dans l'entreprise, cette réparation passe par un dédommagement financier qui ne peut de toute façon compenser la souffrance endurée. D'un agresseur réellement pervers, il est inutile d'attendre remords ou regret. La souffrance des autres n'a aucune importance. S'il y a repentance, cela vient de l'entourage, de ceux qui ont été des témoins muets ou des complices. Eux seuls peuvent exprimer leurs regrets et par là même redonner sa dignité à la personne qui a été injustement bafouée.

10

CONSEILS PRATIQUES
DANS LE COUPLE ET LA FAMILLE

Face à un pervers, on ne gagne jamais. Tout au plus peut-on apprendre quelque chose sur soi-même.

Afin de se défendre, la tentation est grande, pour la victime, d'avoir recours aux mêmes procédés que l'agresseur. Pourtant, si on se retrouve en position de victime, c'est que l'on est le moins pervers des deux. On voit mal comment cela pourrait s'inverser. Utiliser les mêmes armes que l'adversaire est fortement déconseillé ; en réalité, la loi est le seul recours.

Repérer

Dans un premier temps, il s'agit pour la victime de repérer le processus pervers qui consiste à lui faire porter toute la responsabilité du conflit conjugal ou familial, et ensuite d'analyser le problème « à froid », en laissant de côté la culpabilité. Pour cela, il lui faut abandonner son idéal de tolérance absolue et reconnaître que quelqu'un qu'elle aime ou a aimé présente un trouble de la personnalité dangereux pour elle, et qu'elle doit s'en protéger. Les mères doivent apprendre à reconnaître les personnes toxiques directement ou indirectement pour leurs enfants, ce qui n'est pas facile lorsqu'il s'agit d'un proche parent.

On ne se défend bien que lorsqu'on est sorti de l'emprise, lorsqu'on accepte de se dire que l'agresseur, quels ques soient les sentiments qu'on lui a portés ou qu'on lui porte encore, est dangereux pour soi, malveillant.

Si la victime n'entre plus dans le jeu pervers, cela déclenche chez l'agresseur une surenchère de violence qui le conduira à la faute. On peut, dès lors, s'appuyer sur les stratégies du pervers pour le prendre à son propre piège. Est-ce à dire que, pour se défendre, il faut utiliser aussi des manœuvres perverses ? C'est là un danger à éviter à tout prix. Le but final d'un pervers étant de pervertir l'autre, de l'amener à devenir mauvais lui-même, la seule victoire est de ne pas devenir comme lui et de ne pas agresser en retour, mais il est important de connaître ses tactiques et son mode de fonctionnement pour déjouer ses agressions.

Une règle essentielle lorsque l'on est harcelé par un pervers moral est de cesser de se justifier. La tentation est grande puisque le discours du pervers est truffé de mensonges proférés avec la plus grande mauvaise foi. Toute explication ou justification ne peut amener la victime qu'à s'embourber un peu plus. Toute imprécision ou erreur de sa part, même de bonne foi, pourra être utilisée contre elle. À partir du moment où l'on est dans la ligne de mire d'un pervers, tout peut être retenu à charge. Il vaut mieux se taire.

Pour un pervers, l'interlocuteur a tort ou, du moins, tout ce qu'il dit est sujet à suspicion. On lui prête des intentions malveillantes, ses propos ne peuvent être que des mensonges; les pervers n'imaginent pas qu'on puisse ne pas mentir.

Les étapes précédentes du processus ont permis à la victime de voir que le dialogue et les explications ne servaient à rien. S'il doit y avoir un échange, celui-ci doit se faire par l'intermédiaire d'un tiers. En cas de contact direct, il vaut mieux se donner du temps pour réfléchir à la bonne réponse à faire.

Après une séparation, lorsque le harcèlement se fait au téléphone, il est toujours possible de changer de numéro ou de filtrer les appels avec un répondeur. En ce qui concerne le courrier injurieux ou tendancieux, mieux vaut le faire ouvrir par quelqu'un d'autre, car les lettres perverses réintroduisent à petites touches un peu de venin et de souffrance, déstabilisant à nouveau la victime.

Agir

Dans la mesure où, du fait de l'emprise, la victime s'est jusqu'alors montrée trop conciliante, il lui faut changer de stratégie et agir fermement sans craindre le conflit. Sa détermination obligera le pervers à se dévoiler. Tout changement d'attitude de la part de la victime provoque en général, dans un premier temps, une surenchère d'agressions et de provocations. Le pervers cherchera d'autant plus à la culpabiliser : « Décidément, tu n'as aucune compassion ! » « On ne peut jamais parler avec toi ! »

De victime figée, elle doit devenir l'empêcheur de tourner en rond. En se plaçant à l'origine de la crise ouverte, elle peut paraître être l'agresseur, mais c'est un choix qu'il faut assumer car de lui seul peut venir un changement. La crise, comme un sursaut pour échapper à l'emprise mortifère, permet à la vie de renaître. C'est la seule possibilité de solution ou, tout au moins, d'aménagement. Plus la crise est retardée, plus elle sera violente.

Résister psychologiquement

Pour cela, il est important d'être soutenu. Il suffit parfois qu'une seule personne sache exprimer sa confiance, quel que soit le contexte, pour que la victime reprenne confiance. Néanmoins, il faut se méfier des conseils des amis, de la famille et de toute personne qui essaie de se poser en médiateur, car l'entourage immédiat ne peut pas être neutre. Il est lui-même désorienté et attiré d'un côté ou de l'autre. Les agressions perverses familiales permettent de reconnaître rapidement les amitiés fiables. Certaines personnes qui paraissaient proches se laissent manipuler, se méfient ou formulent des reproches. D'autres, ne comprenant pas la situation, choisissent la fuite. Les seuls soutiens valables sont ceux qui se contentent d'être là, présents, disponibles, et qui ne jugent pas ; ceux qui, quoi qu'il advienne, sauront rester eux-mêmes.

Faire intervenir la justice

Parfois, la crise ne peut se résoudre que par l'intervention de la justice. Utiliser ce regard extérieur permet d'éclaircir les choses et de dire non.

Mais un jugement est rendu uniquement à partir de preuves. Une femme battue peut faire constater les traces de coups ; si elle se défend, on dira qu'elle est en état de légitime défense. Une femme humiliée et injuriée peut difficilement se faire entendre puisqu'elle n'a pas de preuves à présenter.

Lorsqu'une victime est décidée à se séparer de son conjoint agresseur, il lui faut trouver un moyen pour que les agressions se produisent en présence de tiers qui pourront témoigner. Elle doit aussi garder toutes les traces écrites qui peuvent aller en ce sens. Dénigrement, dévalorisation, mise à l'écart, s'ils sont prouvés, constituent des motifs de divorce. Le harcèlement téléphonique est un délit : on peut demander au procureur de la République à être mis sur écoute pour en connaître l'origine.

Dans le cas de personnes non mariées, le problème est plus compliqué et ce n'est que lorsque l'agression deviendra une infraction que la justice pourra intervenir par une qualification pénale.

Si elles ont eu elles-mêmes des attitudes violentes en retour, les victimes hésitent à porter plainte. Pourtant, l'excuse de provocation (par exemple, les insultes) fait tomber la qualification pénale. La justice reconnaît que la violence de la victime était justifiée par les insultes du partenaire.

Les juges sont très méfiants face aux manipulations perverses. Ils craignent d'être eux-mêmes manipulés et, dans un souci de conciliation à tout prix, se protègent des deux côtés en mettant en place des médiations trop tardives. Le même processus de disqualification insidieuse consistant à rendre la victime responsable de tout se développe alors, avec la complicité involontaire du médiateur. Il est illusoire de chercher à obtenir un dialogue vrai avec un pervers, car il saura toujours se montrer plus habile, et utilisera la médiation pour disqualifier son partenaire. Une conciliation ne doit pas se faire au détriment de l'un. La victime a déjà beaucoup supporté, il ne faut pas penser qu'elle peut faire davantage de concessions.

Le seul moyen pour protéger la victime et l'empêcher de réagir aux provocations directes ou indirectes est de mettre en place des ordonnances juridiques rigides et d'éviter tout contact entre les deux parties, en espérant qu'un jour le pervers trouvera une autre victime et qu'il relâchera ainsi sa pression.

Lorsqu'il y a des enfants, surtout s'ils sont objets eux-mêmes de manipulation, la victime doit d'abord se sauver pour pouvoir ensuite les protéger de la relation perverse. Cela implique parfois de passer outre les réticences des enfants qui préféreraient que rien ne bouge. C'est à la justice de prendre des mesures de protection afin d'éviter les contacts qui pourraient réactiver la relation perverse.

11

CONSEILS PRATIQUES
DANS L'ENTREPRISE

Repérer

Avant toute chose, il est important de bien repérer le processus de harcèlement et si possible de l'analyser. Si on a le sentiment d'une atteinte à sa dignité ou à son intégrité psychique en raison de l'attitude hostile d'une ou de plusieurs personnes, ce régulièrement et sur une longue période, on peut penser qu'il s'agit effectivement de harcèlement moral.

L'idéal est de réagir le plus tôt possible, avant d'être englué dans une situation où il n'y a pas d'autre solution que le départ.

Dès lors, il est important de noter toute forme de provocation ou toute agression. Comme pour le harcèlement psychologique familial, la difficulté de se défendre réside dans le fait qu'il y a rarement des preuves flagrantes.

La victime devra donc accumuler les traces, les indices, noter les injures, faire des photocopies de tout ce qui pourrait à un moment ou un autre constituer sa défense.

Il serait souhaitable également qu'elle s'assure le concours de témoins. Malheureusement, dans un contexte d'oppression, les collègues très souvent se désolidarisent de la personne harcelée par peur des représailles, et d'ailleurs, quand un harceleur s'en prend à une personne, généralement, les autres sont tranquilles et préfèrent rester discrets. Pourtant, il suffit d'un témoignage pour donner foi aux allégations d'une victime.

Trouver de l'aide au sein de l'entreprise

Tant qu'on est encore en état de se battre, il faut chercher de l'aide d'abord au sein de l'entreprise. Trop souvent, les salariés ne réagissent que lorsqu'une procédure de licenciement est en cours. Cette recherche n'est pas toujours aisée car si la situation a pu se dégrader à ce point, c'est que le responsable hiérarchique, même s'il n'est pas lui-même moteur du processus, n'a pas su réagir de façon efficace. Si ce soutien moral ne peut être obtenu dans le service, il peut être recherché dans d'autres services.

À chaque étape d'une recherche d'aide au sein de l'entreprise, le salarié peut sortir du processus de harcèlement s'il a la possibilité de rencontrer un interlocuteur sachant écouter. Mais si le harcèlement s'est mis en place, c'est qu'il n'a pas eu cette chance.

Quand l'entreprise est de taille suffisante, il faut d'abord aller voir le DRH (directeur des ressources humaines). Malheureusement, certains DRH ne sont que des « chefs du personnel », certes efficaces dans les techniques professionnelles de gestion, de calcul et de droit du travail, mais qui n'ont ni écoute ni temps à consacrer aux difficultés relationnelles des salariés. Dans une entreprise on demande à tout le monde d'avoir des résultats, y compris aux DRH. Parmi les tâches de ceux-ci, beaucoup peuvent donner lieu à un résultat chiffré, mais ce qui a trait à l'écoute et l'accompagnement, aux « relations humaines » proprement dites, ne se chiffre pas et trouve parfois difficilement sa place dans leur emploi du temps. Il peut se faire également que cela ne les intéresse pas.

Si le DRH n'a rien pu ou rien voulu faire, c'est le moment d'aller voir le médecin du travail. Celui-ci, dans un premier temps, peut aider la victime à mieux verbaliser son problème, puis, par ses constats au poste de travail et lors de la visite médicale, il peut permettre aux salariés et aux responsables de prendre conscience des conséquences graves de ces situations de violence psychologique. Ce travail de médiation n'est possible que s'il occupe une position de confiance dans l'entreprise et qu'il connaît bien les protagonistes. La plupart du temps, le médecin du travail est contacté trop tard par un salarié psychologiquement déstabilisé et il ne peut que le protéger en lui conseillant une prise en charge médicale et un arrêt de travail. La position du médecin du travail n'est pas facile car il émet aussi des avis d'aptitude qui peuvent être lourds de conséquences pour le salarié. Beaucoup de salariés craignent également d'aller le voir car ils savent que celui-ci est un salarié comme eux et ils ne sont pas toujours sûrs de son indépendance d'esprit par rapport à l'entreprise qui les harcèle ou qui laisse faire le harcèlement.

Résister psychologiquement

Pour se défendre d'égal à égal, il faut être en bon état psychologique. Nous avons vu que la première phase du harcèlement consiste à déstabiliser la victime. Il lui faudra donc consulter un psychiatre ou un psychothérapeute afin de retrouver l'énergie qui lui permettra de se défendre. Pour diminuer le stress et ses conséquences nocives pour la santé, la seule solution est l'arrêt de travail. Mais beaucoup de victimes le refusent dans un premier temps, craignant d'aggraver le conflit. Si la personne est dépressive, une aide médicamenteuse, anxiolytique et antidépressive est réellement nécessaire. La personne ne devra réintégrer son travail que lorsqu'elle sera complètement en état de se défendre. Cela peut conduire à un arrêt de travail relativement long (parfois plusieurs mois) qui éventuellement se transformera en CLD (congé maladie de longue durée). Les médecins psychiatres et les médecins-conseils de la Sécurité sociale se trouvent ainsi amenés à prendre en main la protection des victimes et à régler des problèmes professionnels, alors que les solutions devraient être juridiques.

Une victime craque. Son médecin la met en arrêt de travail pour dépression, ce qui arrange le harceleur et l'entreprise. Quand la victime annonce la fin de son arrêt maladie, la direction lui conseille de faire prolonger ce congé. Le médecin refuse, arguant que le problème étant sur le lieu de travail, il doit être réglé entre le salarié et l'entreprise. La victime reprend son travail et se fait reprocher de ne pas s'être fait soigner.
Une autre victime, harcelée depuis plusieurs mois par son patron, est mise en arrêt de travail pour dépression. À chaque tentative de reprise, elle rechute. Le patron

devient tellement menaçant que la victime porte plainte. Pour éviter une condamnation aux prud'-hommes, le patron accepte de licencier son employée, mais il fait traîner les formalités. La victime, toujours en arrêt de travail, va mieux. Faut-il la laisser reprendre son travail en attendant que son licenciement soit effectif ? Le médecin-conseil amené à statuer a décidé que non. Il a préféré protéger la victime en prolongeant son arrêt de travail jusqu'au licenciement.

Étant donné que le jeu du harceleur consiste à faire de la provocation et à mettre l'autre en faute en suscitant sa colère ou son désarroi, la victime devra apprendre à résister. Dans une situation donnée, il est plus facile de se laisser aller à se soumettre plutôt que de résister et de risquer le conflit. Quoi qu'elles éprouvent, je conseille aux victimes de jouer l'indifférence, de garder le sourire et de répondre avec humour, mais sans en rajouter dans l'ironie. Elles doivent rester imperturbables et ne jamais entrer dans le jeu de l'agressivité. Il leur faut laisser dire, ne pas s'énerver, tout en notant chaque agression afin de préparer leur défense.

Pour limiter le risque de faute professionnelle, la victime devra être irréprochable. En effet, même si le harceleur n'est pas son supérieur hiérarchique, elle se trouve placée sous le feu des projecteurs. On l'observe afin de comprendre ce qui se passe. Le moindre retard, la moindre faute seront tenus pour des preuves de sa responsabilité dans le processus.

Il serait bon aussi qu'elle apprenne la méfiance en fermant ses tiroirs à clef, en emportant avec elle son agenda professionnel ou un dossier important sur lequel elle travaille, même à l'heure du déjeuner. Bien sûr, les victimes y répugnent. Ce n'est le plus souvent que lorsque la situation n'est plus récupérable et qu'elles préparent un dossier pour les prud'hommes qu'elles y ont recours.

Afin de retrouver une certaine autonomie de pensée et un esprit critique, les victimes devront appliquer une nouvelle grille de communication, comme un filtre systématique, qui leur permette de réajuster la réalité au bon sens. Prendre les messages au pied de la lettre, au besoin en faisant préciser, et refuser d'entendre les sous-entendus.

Cela suppose que la personne harcelée soit capable de garder son sang-froid. Elle doit apprendre à ne pas réagir aux provocations de son agresseur. Ne pas être réactif est particulièrement difficile pour quelqu'un qui a été choisi pour son impulsivité. La victime doit sortir de ses schémas habituels, apprendre à se calmer, à attendre son heure. Il est important qu'elle garde au fond d'elle la conviction qu'elle est dans son bon droit et que, tôt ou tard, elle réussira à se faire entendre.

Agir

Contrairement à ce que je conseille dans le domaine familial, où il est essentiel pour sortir de l'emprise de cesser de se justifier, dans le domaine professionnel il faut être extrêmement rigoureux afin de contrer la communication perverse. Il faudra anticiper sur les agressions en s'assurant qu'il n'y a aucune ambiguïté dans les consignes ou les ordres, en faisant lever les imprécisions et éclaircir les points douteux. Si des doutes subsistent, le salarié devra solliciter un entretien pour avoir des explications. En cas de refus, il ne faut pas hésiter à exiger cet entretien par lettre recommandée. Ces courriers pourront servir de preuves du manque de dialogue en cas de conflit. Il vaut mieux passer pour anormalement méfiant, quitte à être qualifié de paranoïaque, que de se laisser mettre en faute. Il n'est pas mauvais que, par un renversement, la victime inquiète son agresseur en lui faisant savoir que, désormais, elle ne se laissera plus faire.

C'est habituellement lorsque la victime constate qu'aucune solution n'est proposée, et qu'elle craint un licenciement ou qu'elle envisage de donner sa démission, qu'elle se tourne vers les syndicats ou les représentants du personnel. Mais il faut savoir que quand une situation de harcèlement est communiquée aux syndicats, cela devient un conflit ouvert. Leur intervention consiste alors à négocier un départ. Il est très difficile d'obtenir une médiation à ce niveau car les représentants du personnel ont beaucoup plus un rôle revendicatif qu'un rôle d'écoute et de médiation.

Pour un entretien préalable au licenciement, la loi prévoit qu'on peut se faire accompagner par la personne de son choix. Ce peut être un délégué syndical s'il y en a dans l'entreprise, ou bien un conseiller des salariés. Les conseillers des salariés sont des syndicalistes extérieurs à l'entreprise dont on trouve la liste dans les mairies et dans les préfectures, et qui vont défendre bénévolement les salariés dans les petites structures. Dans le harcèlement, il est important que l'accompagnateur soit quelqu'un en qui on a toute confiance et dont on pense *a priori* qu'il ne se laissera pas manipuler.

Démissionner serait accorder une victoire trop facile à l'agresseur. Si la victime doit partir, et à ce stade c'est sa sauvegarde, elle doit se battre pour que son départ se passe dans des conditions correctes.

S'il n'existe pas de motif réel de licenciement pour faute professionnelle constatée, l'employeur peut faire un licenciement pour incompatibilité d'humeur. Ce motif est peu utilisé car il doit être étayé par des faits très précis sous peine d'être rejeté devant un tribunal de prud'hommes, surtout si le salarié est depuis longtemps dans l'entreprise. Mais lorsqu'on a réussi à monter tout un service contre une personne et que tout le monde se plaint d'elle, ce motif peut être utilisé.

Si le harcèlement n'a pas été interrompu par l'employeur, il est peu probable que ce soit lui qui propose ensuite une transaction. Ce sera au salarié, aidé d'un syndicat ou d'un avocat, de le faire.

Faire intervenir la justice

Le harcèlement moral

Il n'existe aucune loi dans l'arsenal juridique réprimant le harcèlement moral. Il est donc très difficile d'attaquer son employeur au pénal (tribunal correctionnel). De toute façon, cette démarche est toujours longue et pénible.

Pourtant, une résolution adoptée par l'Assemblée générale des Nations unies en annexe de la Déclaration des principes fondamentaux de justice relatifs aux victimes de la criminalité et aux victimes d'abus de pouvoir définit les victimes d'abus de pouvoir comme suit : « On entend par "victimes" des personnes qui, individuellement ou collectivement, ont subi un préjudice, notamment une atteinte à leur intégrité physique ou mentale, une souffrance morale, une perte matérielle, ou une atteinte grave à leurs droits fondamentaux, en raison d'actes ou d'omissions qui ne constituent pas encore une violation de la législation pénale nationale, mais qui représentent des violations des normes internationalement reconnues en matière de droits de l'homme. »

En France, dans le Code du travail, aucune protection n'est prévue pour les victimes de harcèlement moral. On trouve seulement le terme vague d'« inconduite » en commentaire des articles de loi sur le pouvoir disciplinaire de l'employeur : « En principe, le type de comportement visé ici, relevant de la vie privée du salarié, ne justifie pas le prononcé d'un licenciement. Mais il en va autrement quand les faits reprochés sont susceptibles de créer un trouble dans l'entreprise. Une attitude indécente réitérée d'un salarié à l'égard de ses collègues féminines justifie un licenciement pour faute grave. »

En Suède, le harcèlement moral dans l'entreprise est un délit depuis 1993. Il est également reconnu en Allemagne, aux États-Unis, en Italie et en Australie. En Suisse, dans le cadre d'une entreprise privée, sont applicables la loi fédérale sur le travail concernant les mesures d'hygiène et de protection de la santé, ainsi que l'article 328 du Code des obligations traitant de la protection de la personnalité du travailleur ou de la travailleuse : « L'employeur est tenu de prendre toutes les mesures nécessaires afin d'assurer et d'améliorer la protection de la santé et de garantir la santé physique et psychique des travailleurs. [...] La lutte contre le harcèlement doit faire partie de ces mesures, puisque le harcèlement met en danger la santé physique et psychique de la personne harcelée. »

Pourtant, lorsque l'agresseur est un patron qui utilise systématiquement des procédés pervers pour terroriser un membre de son personnel, à plus forte raison s'il y a eu violence physique ou sexuelle, il faut l'arrêter en utilisant le droit. Ces agresseurs, qui n'osent affronter directement leur employé, n'osent pas davantage affronter la justice. Ils ont peur et négocient alors un licenciement. En effet, les pervers redoutent les procès en justice qui pourraient révéler publiquement la malignité de leurs conduites. Ils cherchent d'abord à faire taire leurs victimes par l'intimidation et, si cela ne suffit pas, ils préfèrent négocier, se posant alors eux-mêmes en victimes d'un employé retors.

La perversion morale détient un tel pouvoir de nuisance qu'il est difficile de la contenir. Si les individus d'abord, les entreprises ensuite ne trouvent pas de solutions pour remettre des bornes de civilité et de respect d'autrui, un jour ou l'autre, il faudra légiférer sur le harcèlement moral dans l'entreprise comme il a fallu le faire pour le harcèlement sexuel.

Il n'existe pas actuellement, à ma connaissance, d'association d'aide spécifique aux victimes de harcèlement qui pourrait les conseiller dans leurs démarches. Seule, l'AVFT (Association européenne contre les violences faites aux femmes au travail[1]) soutient sans distinction de sexe les personnes victimes de discriminations et de violences sexistes ou sexuelles sur leur lieu de travail.

Le harcèlement sexuel

Depuis 1992 le harcèlement sexuel est un délit pénal et une infraction au Code du travail. La loi

1. AVFT, BP 108, 75561 Paris Cedex 12. Tél. : 01 45 84 24 24.

218

interdit qu'un salarié soit sanctionné ou licencié pour avoir subi ou refusé des agissements de harcèlement sexuel.

L'article 21 du Code du travail concernant le harcèlement sexuel n'envisage que le harcèlement avec abus de pouvoir : « Aucun salarié ne peut être sanctionné ni licencié pour avoir subi ou refusé de subir les agissements de harcèlement de l'employeur, de son représentant ou de toute autre personne qui, abusant de l'autorité que lui confèrent ses fonctions, a donné des ordres, proféré des menaces, imposé des contraintes ou exercé des pressions de toute nature sur ce salarié dans le but d'obtenir des faveurs de nature sexuelle à son profit ou au profit d'un tiers. »

On le voit, le législateur n'interdit qu'une forme de harcèlement sexuel (le chantage), or cette forme de violence devrait être réprimée en soi et non par rapport au lien hiérarchique et aux menaces de licenciement.

En France, entamer une procédure est un véritable parcours du combattant, car les victimes rencontrent de nombreuses résistances ou blocages. Le harcèlement, même sexuel, même avec des preuves, n'est pas pris en considération. Comme pour les agressions sexuelles il n'y a pas si longtemps, les résistances vont du refus d'enregistrer une plainte par les policiers ou les gendarmes (ils ne sont pas habitués) à la déqualification des faits par les magistrats. Ces dossiers sont souvent classés « sans suite ».

Le problème du harcèlement sexuel se pose à l'échelle mondiale. Au Japon, les plaintes pour harcèlement sexuel se multiplient, d'autant que dans ce pays la coutume consiste, même pour les femmes cadres, à inviter les clients importants dans les bars, les restaurants de luxe, ou même dans les no pan clubs (bars où les serveuses ne portent rien sous leur minijupe). La nouvelle loi sur l'égalité des sexes sur le lieu de travail, qui est entrée en vigueur en avril 1999, prévoit des dispositions contre ces pratiques. Au lieu de nous moquer des excès américains en matière de procès pour harcèlement sexuel, nous ferions mieux de mettre en place une politique de prévention, en imposant le respect de l'individu sur le lieu de travail.

Organiser la prévention

Le harcèlement s'instaure quand le dialogue est impossible, que la parole de celui qui est agressé ne peut pas se faire entendre. Faire de la prévention, c'est donc réintroduire du dialogue et une communication vraie. Dans ce sens, le médecin du travail a un rôle primordial. Il peut, avec les instances dirigeantes, prendre l'initiative d'une réflexion commune afin de chercher des solutions. Des CHSCT (comités d'hygiène, de sécurité et de conditions de travail) existent dans les entreprises ayant plus de cinquante salariés. Là, l'inspection du travail, la direction, des délégués du personnel et le médecin du travail peuvent intervenir ensemble. Malheureusement, ces instances de concertation sont surtout sollicitées pour des risques physiques ou le respect des normes.

La prévention passe ensuite par l'éducation des responsables en les amenant à tenir compte de la personne humaine autant que de la rentabilité. Dans des formations spécifiques, assurées par des psychologues ou des psychiatres formés à la victimologie, on pourrait leur apprendre à méta-communiquer, c'est-à-dire à communiquer sur la communication, afin qu'ils sachent intervenir avant l'installation du processus, en faisant nommer ce qui dans l'autre irrite l'agresseur, et en lui faisant « entendre » le ressenti de sa victime. Quand le processus est en place, c'est trop tard. Les responsables syndicaux savent très bien intervenir pour négocier des indemnités lors d'un licenciement, mais ils sont moins à l'aise dans la compréhension des relations individuelles. Pourquoi ne pas les former, leur donner les outils relationnels, comme on commence à le faire maintenant pour les DRH, pour qu'ils puissent intervenir, à tout moment, dans les dysfonctionnements de l'entreprise et pas seulement lors des licenciements.

Il serait souhaitable que, dans les règlements intérieurs et les conventions collectives, soient insérées des clauses de protection contre le harcèlement moral, et que des normes juridiques strictes soient adoptées dans la juridiction du travail française.

La prévention passe avant tout par des actions d'information auprès des victimes, des salariés et des entreprises. Il faut faire savoir que ce processus existe, qu'il n'est pas rare et qu'il peut être évité. À cet égard, les médias ont un rôle, non négligeable, de mise en garde à jouer en diffusant ces informations.

Seul l'humain peut régler des situations humaines. Ces situations perverses ne peuvent se développer que si on les encourage ou les tolère. C'est aux patrons et aux chefs d'entreprise de réintroduire le respect dans leurs structures.

12

LA PRISE EN CHARGE PSYCHOLOGIQUE

Comment guérir

Nous l'avons vu, la violence perverse s'installe d'une façon tellement insidieuse qu'il est difficile de la repérer et ensuite de s'en défendre. Il est rare d'y parvenir seul. Devant ce qui apparaît clairement comme une agression, une aide psychothérapeutique est souvent nécessaire. On peut dire qu'il y a agression psychique lorsqu'un individu est atteint dans sa dignité par le comportement d'un autre. Le tort des victimes a été de ne pas avoir repéré à temps que leurs limites étaient franchies et de ne pas avoir su se faire respecter. Au lieu de cela, elles ont absorbé les attaques comme des éponges. Il leur faudra donc définir ce qui est acceptable pour elles et par là même se définir.

Le choix du psychothérapeute

Le premier acte par lequel la victime se met en position d'être active est le choix d'un psychothérapeute. Afin d'être sûre de ne pas retomber dans un système trouble de manipulations, il est préférable de s'assurer de certaines garanties concernant sa formation. Dans le doute, il vaut mieux choisir quelqu'un qui soit psychiatre ou psychologue, car il existe maintenant toutes sortes de nouvelles thérapies qui peuvent séduire en promettant une guérison plus rapide, mais dont le fonctionnement est très proche de celui des sectes. De toute façon, aucune méthode thérapeutique sérieuse ne peut éviter de renvoyer le patient à lui-même. Le plus simple pour la victime est de demander une adresse à une personne en qui elle a confiance ou à son médecin généraliste. Il ne faut pas hésiter à voir plusieurs thérapeutes pour choisir ensuite celui avec lequel on se sentira le plus en confiance. C'est à partir de son ressenti que le patient jugera de la capacité de ce thérapeute à pouvoir l'aider.

Face à ces patients blessés dans leur narcissisme, la neutralité bienveillante, qui prend forme de froideur chez certains psychanalystes, n'est pas de mise. Le psychanalyste Ferenczi, qui fut un temps le disciple et l'ami de Freud, a rompu avec lui à propos du traumatisme et de la technique analytique. En 1932, il notait : « La situation analytique, cette froide réserve, l'hypocrisie professionnelle et l'antipathie à l'égard du patient qui se dissimule derrière elle, et que le malade ressent de tous ses membres, ne diffèrent pas essentiellement de l'état de choses qui autrefois, c'est-à-dire dans l'enfance, l'avait rendu malade [1]. » Le silence du psychothérapeute fait écho au refus de communication de l'agresseur et amène une victimisation secondaire.

1. S. FERENCZI, « Confusion de langue entre les adultes et l'enfant (1932) », *in Psychanalyse IV,* trad. fr., Payot, Paris, 1985.

La prise en charge des victimes de perversion doit nous amener à remettre en question notre savoir et nos méthodes thérapeutiques pour nous placer du côté de la victime, sans pour autant se mettre en position de toute-puissance. Nous devons apprendre à penser en dehors de toute référence, de toute certitude, en osant remettre en question les dogmes freudiens. D'ailleurs, la plupart des psychanalystes qui prennent en charge des victimes ne suivent plus Freud en ce qui concerne la réalité du trauma : « La technique analytique appliquée aux victimes doit donc être redéfinie comme la prise en compte et de la réalité psychique et de la réalité événementielle. La primauté accordée au conflit intérieur au détriment du réel objectivable explique la faible place accordée par les psychanalystes aux recherches sur le traumatisme réel et ses conséquences psychiques [1]. »

Les psychothérapeutes doivent faire preuve de souplesse et inventer une nouvelle façon de travailler, plus active, plus bienveillante et stimulante. Tant que la personne n'est pas sortie de l'emprise, ce n'est pas une cure psychanalytique type, avec tout ce que cela implique de frustration, qui pourra l'aider. Elle ne ferait que retomber dans une autre emprise.

Nommer la perversion

Il est important que le traumatisme provenant d'une agression extérieure soit reconnu comme un préalable par le thérapeute. Les patients ont souvent du mal à évoquer la relation passée, d'une part parce qu'ils cherchent à fuir dans l'oubli, d'autre part parce que ce qu'ils pourraient dire est encore impensable

1. C. DAMIANI, *Les Victimes,* Bayard Éditions, Paris, 1997.

pour eux. Il leur faudra du temps et le soutien du psychothérapeute pour parvenir progressivement à le formuler. L'incrédulité de celui-ci constituerait une violence supplémentaire, son silence le mettrait en position de complice de l'agresseur. Certains patients ayant vécu une situation de harcèlement disent que lorsqu'ils ont essayé d'en parler à un psychothérapeute, celui-ci n'a pas voulu entendre et leur a fait savoir qu'il était plus intéressé par les aspects intrapsychiques que par la violence réellement vécue.

Nommer la manipulation perverse ne conduit pas la personne à ressasser, mais au contraire lui permet de sortir du déni et de la culpabilité. Lever le poids de l'ambiguïté des mots et du non-dit, c'est accéder à la liberté. Pour cela, le thérapeute doit permettre à la victime de retrouver confiance en ses ressources intérieures. Quelles que soient les références théoriques du psychothérapeute, il doit se sentir suffisamment libre dans sa pratique pour communiquer cette liberté à son patient et l'aider à sortir de l'emprise.

Il est impossible de traiter la victime d'un pervers (qu'il soit moral ou sexuel) sans tenir compte du contexte. Le psychothérapeute doit, dans un premier temps, aider son patient à mettre au jour les stratégies perverses, en évitant de leur donner un sens névrotique, les nommer, et lui permettre de repérer ce qui vient de lui et de sa vulnérabilité, et ce qui est le fait de l'agression extérieure. À la prise de conscience de la perversité de la relation doit s'ajouter la prise de conscience du mode de mise en place de l'emprise. En lui donnant les moyens de repérer les stratégies perverses, on permet à la victime de ne plus se laisser séduire ni apitoyer par son agresseur.

Il faut aussi demander au patient de dire la colère qu'il n'a pas pu éprouver du fait de l'emprise, lui permettre de dire et d'éprouver des émotions jusqu'alors censurées; si le patient n'a pas de mots, il faut l'aider à verbaliser.

S'en sortir

Lorsqu'on commence une psychothérapie dans un contexte de harcèlement, il ne faut pas chercher d'abord à savoir pourquoi on s'est mis dans cette situation, mais comment en sortir immédiatement.

La psychothérapie, au moins dans un premier temps, doit être réconfortante et permettre à la victime de sortir de la peur et de la culpabilité. Le patient doit sentir clairement qu'on est là pour lui, que sa souffrance ne nous indiffère pas. En renforçant le psychisme de la victime, en consolidant ses parts psychiques intactes, on lui permet de se faire suffisamment confiance pour oser refuser ce qu'elle sent néfaste pour elle. Cette prise de conscience ne peut se faire qu'au terme d'une maturation suffisante pour affronter l'agresseur et lui dire non.

Quand la perversion aura été nommée, la victime devra repenser les événements du passé en fonction de ce qu'elle aura appris de son agression. Sa grille de lecture était fausse. Elle avait enregistré une multitude de données qui n'avaient pas pris sens au moment de leur survenue, car elles étaient dissociées, et qui deviennent claires dans une logique perverse. Elle doit, avec courage, se demander quel sens avaient tel mot ou telle situation. Très souvent, les victimes avaient senti que ce qu'elles avaient laissé dire ou laissé faire n'était pas bon pour elles, mais, n'ayant pas imaginé d'autres critères que leur propre morale, elles s'étaient soumises.

Se dégager de la culpabilité

En aucun cas la thérapie ne doit venir renforcer la culpabilité de la victime en la rendant responsable de sa position de victime. Elle n'en est pas responsable, mais elle assume cette situation. Tant qu'elle n'est pas sortie de l'emprise, elle reste envahie par le doute et la culpabilité : « En quoi suis-je responsable de cette agression ? », et cette culpabilité l'empêche d'avancer, surtout si, comme c'est souvent le cas, l'agresseur a pointé la maladie mentale de la victime : « Tu es fou/folle ! » Il ne faut pas se soigner pour lui et ce qu'il a dit, mais pour soi.

Le psychothérapeute américain Spiegel résume ainsi le changement qu'il faut apporter aux psychothérapies traditionnelles pour les adapter aux victimes : « Dans la psychothérapie traditionnelle on encourage le patient à assumer une responsabilité plus grande pour les problèmes de la vie, alors qu'il faut aider la victime à assumer une responsabilité moindre pour le traumatisme [1]. » Sortir de la culpabilité permet de se réapproprier sa souffrance, et ce n'est que plus tard, lorsque la souffrance sera éloignée, lorsqu'on aura fait l'expérience de la guérison, que l'on pourra revenir à son histoire personnelle et essayer de comprendre pourquoi on est entré dans ce type de relation destructrice, pourquoi on n'a pas su se défendre. Il faut exister, en effet, pour pouvoir répondre à de telles questions.

Une psychothérapie centrée uniquement sur l'intrapsychique ne peut qu'amener la victime à ressasser ou à se complaire dans un registre de dépression et de culpabilisation, en la rendant encore plus

1. D. SPIEGEL, « Dissociation and Hypnosis in Post-traumatic Stress Disorders », *Journal of Traumatic Stress*, 1, 17-33.

responsable d'un processus qui implique deux individus. Le danger serait d'aller chercher uniquement
dans son histoire le traumatisme passé qui donnerait
une explication linéaire et causale à sa souffrance
actuelle, ce qui reviendrait à dire qu'elle est responsable de son propre malheur. Pourtant, certains psychanalystes non seulement refusent de formuler la
moindre appréciation morale sur le comportement ou
les passages à l'acte des pervers qui viennent sur
leurs divans, même quand ils sont manifestement
désastreux pour autrui, mais ils dénient également
l'importance du traumatisme pour la victime ou iro-
nisent sur sa façon de ressasser. Récemment, des
psychanalystes débattant du traumatisme et de ses
incidences subjectives ont montré comment, sous
couvert de leur savoir théorique, ils pouvaient à nouveau humilier la victime, pour ensuite la rendre responsable de sa position de victime. Faisant référence
au masochisme, c'est-à-dire à la recherche active de
l'échec et de la souffrance, ils pointaient l'irresponsabilité de la victime face à ce qui la meurtrit, ainsi
que sa jouissance à se voir en victime. Ces mêmes
psychanalystes mettaient en doute son innocence,
arguant qu'il existe un certain confort à la position
de victime.

Même si certains points sont recevables, le raisonnement est malsain, comme l'est un raisonnement
pervers, car à aucun moment il ne respecte la victime. Il ne fait aucun doute que le harcèlement moral
constitue un trauma qui entraîne une souffrance.
Comme dans tout traumatisme, il existe un risque de
fixation sur un point précis de sa douleur qui
empêche la victime de s'en dégager. Le conflit
devient alors son seul sujet de réflexion et domine sa
pensée — en particulier si elle n'a pas pu être entendue, et qu'elle est seule. Interpréter le syndrome de

répétition en termes de jouissance, comme on le voit trop souvent, répéterait le traumatisme. Il faut d'abord panser ses blessures, l'élaboration ne pourra venir que plus tard, lorsque le patient sera en état de réinvestir ses processus de pensée.

Comment une personne humiliée pourrait-elle aller se confier à ces psychanalystes qui parlent avec un beau détachement théorique, mais sans aucune empathie et encore moins de bienveillance pour la victime ?

Sortir de la souffrance

La difficulté que l'on rencontre avec des personnes qui ont été mises sous influence dès l'enfance et qui ont subi une violence occulte, c'est qu'elles ne savent pas fonctionner autrement et peuvent ainsi donner l'impression de s'accrocher à leur souffrance. C'est ce qui est souvent interprété par les psychanalystes comme du masochisme. « Tout se passe comme si un fond de souffrance et de déréliction était révélé par l'analyse et que le patient y tenait comme à son bien le plus précieux, comme si en lui tournant le dos il devait renoncer à son identité[1]. » Le lien avec la souffrance correspond à des liens tissés avec d'autres, dans la souffrance et dans la peine. Si ce sont des liens qui nous ont constitué comme être humain, il nous semble impossible de les abandonner sans en même temps nous séparer de ces personnes. On n'aime donc pas la souffrance en soi, ce qui serait du masochisme, mais on aime tout le

---

1. F. ROUSTANG, *Comment faire rire un paranoïaque*, *op. cit.*

contexte dans lequel nos premiers comportements ont été appris.

Il est dangereux de vouloir sensibiliser trop rapidement le patient à sa dynamique psychique même si l'on sait que s'il s'est mis dans cette situation d'emprise, c'est bien souvent qu'il rejouait quelque chose de son enfance. Le pervers, avec beaucoup d'intuition, l'a accroché par ces failles infantiles. On peut seulement amener le patient à prendre en compte les liens qui existent entre la situation récente et des blessures antérieures. Cela ne peut se faire que lorsqu'on est bien sûr qu'il est sorti de l'emprise, et qu'il est suffisamment solide pour porter sa part de responsabilité sans tomber dans une culpabilité pathologique.

Les souvenirs involontaires et intrusifs constituent une sorte de répétition du traumatisme. Pour éviter l'angoisse liée aux souvenirs de la violence subie, les victimes tentent de contrôler leurs émotions. Afin de se mettre en position de recommencer à vivre, elles doivent accepter leur angoisse, savoir qu'elle ne disparaîtra pas instantanément. En fait, elles ont besoin de lâcher et d'accepter leur impuissance, par un véritable travail de deuil. Elles peuvent alors accepter leur ressenti, reconnaître leur souffrance comme une partie d'elles-mêmes digne d'estime et regarder en face leur blessure. Seule cette acceptation permet de cesser de gémir ou de se cacher à soi-même son état morbide.

Si la victime est en confiance, elle peut se remémorer la violence subie et ses réactions, réexaminer la situation, voir quelle part elle a prise dans cette agression, en quoi elle a fourni des armes à son agresseur. Elle n'aura plus besoin d'échapper à ses souvenirs et pourra les accepter dans une perspective nouvelle.

Guérir

Guérir, c'est pouvoir renouer les parties éparses, rétablir la circulation. Une psychothérapie doit permettre à la victime de prendre conscience qu'elle ne se résume pas à sa position de victime. En se servant de sa part solide, la partie masochiste qui éventuellement la maintenait dans l'emprise cède toute seule. Pour Paul Ricœur[1], le travail de guérison commence dans la région de la mémoire et se poursuit dans celle de l'oubli. Selon lui, il est possible de souffrir de trop de mémoire et d'être hanté par le souvenir des humiliations subies ou, au contraire, de souffrir d'un défaut de mémoire et de fuir ainsi son propre passé.

Le patient doit reconnaître sa souffrance comme une partie de lui-même digne d'estime et qui lui permettra de construire un avenir. Il doit trouver le courage de regarder en face sa blessure. Il pourra alors cesser de gémir ou de se cacher à lui-même son état morbide.

L'évolution des victimes qui se libèrent de l'emprise montre bien qu'il ne s'agit pas ici de masochisme, car très souvent cette expérience douloureuse sert de leçon : les victimes apprennent à protéger leur autonomie, à fuir la violence verbale, à refuser les atteintes à l'estime de soi. La personne n'est pas « globalement » masochiste, mais le pervers l'a accrochée par sa faille qui peut éventuellement être masochiste. Quand un psychanalyste dit à une victime qu'elle se complaît dans sa souffrance, il escamote le problème relationnel. Nous ne sommes pas un psychisme isolé, nous sommes un système relationnel.

1. P. Ricœur, « Le pardon peut-il guérir ? », *Esprit,* mars-avril 1995.

Le traumatisme vécu implique une restructuration de la personnalité et une relation différente au monde environnant. Il laisse une trace qui ne s'effacera pas, mais sur laquelle il est possible de reconstruire. Cette expérience douloureuse de vie est souvent l'occasion d'une remobilisation personnelle. On en ressort plus fort, moins naïf. On peut décider que, désormais, on sera respecté. L'être humain qui a été traité cruellement peut puiser dans le constat de son impuissance de nouvelles forces pour l'avenir. Ferenczi note qu'une détresse extrême peut éveiller soudainement des dispositions latentes. Là où le pervers avait maintenu du vide peut se produire une attraction d'énergie, comme un appel d'air : « L'intellect ne naît pas simplement de souffrances ordinaires, mais seulement de souffrances traumatiques. Il se constitue comme phénomène secondaire ou tentative de compensation à une paralysie psychique complète[1]. » L'agression prend alors valeur d'épreuve initiatique. La guérison pourrait être d'intégrer cet événement traumatique comme un épisode structurant de la vie qui permet de retrouver un savoir émotionnel refoulé.

Les différentes psychothérapies

Le nombre et la diversité des psychothérapies ne rendent pas aisé le choix d'une méthode thérapeutique. En France, les thérapies psychanalytiques sont nettement prépondérantes et relèguent un peu dans l'ombre d'autres méthodes plus adaptées, peut-être, à

1. S. Ferenczi, *Psychanalyse IV, op. cit.*

la prise en charge immédiate des victimes. Cela tient au fait que la psychanalyse a su imposer un corpus théorique qui s'est répandu partout dans la culture comme une référence générale.

Les psychothérapies cognitivo-comportementales

Le but des thérapies cognitivo-comportementalistes est de modifier des symptômes et des conduites pathologiques sans chercher à agir sur la personnalité ni sur les motivations.

Un premier niveau d'intervention se fait au niveau du stress. Par des techniques de relaxation, le patient apprend à réduire sa tension physique, ses troubles du sommeil et son anxiété. Cet apprentissage est très utile dans des situations de harcèlement dans l'entreprise lorsque la personne est encore en position de se défendre. Elle peut ainsi réduire l'impact physique du stress en apprenant, par exemple, à maîtriser une explosion de colère par la relaxation et le contrôle de la respiration.

Une autre méthode comportementale consiste en des techniques d'affirmation de soi. Dans le cas des victimes de pervers manipulateurs, les thérapeutes comportementalistes [1] partent du principe que les victimes sont des personnes passives, insuffisamment affirmées, manquant de confiance en elles, à la différence des sujets affirmés (actifs) qui expriment clairement leurs besoins et leurs refus. Cela me paraît être une interprétation beaucoup trop schéma-

---

1. I. NAZARE-AGA, *Les manipulateurs sont parmi nous*, L'Homme, Ivry, 1997.

tique et réductrice, qui donne à penser que les victimes sont « habituellement » passives et peu affirmées. Nous avons vu que, même si ce sont le plus souvent des personnes scrupuleuses, tendant à vouloir trop bien faire, elles savent s'affirmer dans un autre contexte. Ce n'est pas une simple technique d'affirmation de soi qui permettra de démêler le jeu complexe qui a permis l'accrochage avec un pervers. Néanmoins, par ces techniques, les victimes peuvent apprendre à repérer la manipulation, à voir qu'avec un pervers manipulateur aucune communication n'est possible et à remettre en question leurs schémas de communication idéale.

Les thérapies comportementales sont parfois couplées à des thérapies cognitives qui permettent au patient d'apprendre à bloquer les pensées ou les images répétitives liées au traumatisme, ou à des techniques d'acquisition de compétences pour gérer les difficultés actuelles, ce qui serait, dans le cas de victimes de manipulations perverses, apprendre à contre-manipuler.

La restructuration cognitive paraît une méthode beaucoup plus intéressante pour aider les victimes d'agressions perverses. Celles-ci, nous l'avons vu, sans être dépressives, ont des schémas cognitifs prédépressifs qui infiltrent leur personnalité, avec des croyances du type « si je commets une erreur, je suis une personne sans valeur ». Le pervers les accroche sur leurs principes de base : dévouement aux autres, valorisation du travail, honnêteté. Le thérapeute peut aider les patients à dépasser le vécu traumatique en diminuant leur sentiment de responsabilité vis-à-vis du traumatisme, et à reconnaître et à supporter la détresse qui accompagne les souvenirs de la violence, à admettre leur impuissance.

Freud avait d'abord utilisé l'hypnose et la suggestion, avant de les abandonner car elles lui semblaient reposer sur la séduction et une emprise aliénante. La pratique de l'hypnose resurgit depuis quelques années, essentiellement dans la mouvance « éricksonienne ». L'Américain Milton H. Erickson fut qualifié de thérapeute « hors du commun », même s'il n'a jamais théorisé sa pratique. Il pratiquait l'hypnose mais aussi d'autres stratégies de changement qui tenaient compte du contexte de vie du patient ; en cela, il a eu une influence considérable sur le développement de la thérapie familiale systémique.

Les techniques utilisant l'hypnose s'appuient sur les capacités de dissociation qui sont particulièrement développées chez de nombreuses victimes de traumatisme. François Roustang enseigne que la coupure introduite par l'hypnose est du même type que celle opérée par le trauma : elle sépare le supportable de l'insupportable, lequel est voué à l'amnésie. Ces méthodes ont pour but d'aider les victimes à développer de nouvelles perspectives qui diminuent la souffrance liée au traumatisme. Il ne s'agit pas, là non plus, de la prise de conscience d'un conflit psychique, mais d'une technique qui permet au patient de mobiliser ses propres ressources. Plus l'hypnose est profonde, plus la singularité de la personne apparaît et lui fait découvrir des possibilités qu'elle n'avait pas soupçonnées auparavant.

Le choix de cette méthode peut paraître paradoxal. En effet, en hypnose, on est obligé de passer par la confusion pour décrocher de son symptôme, or c'est la confusion qui a été le moyen de la mise en place de l'emprise perverse. Mais le psychothérapeute utilise cette confusion pour permettre au patient de réinventer son monde en déjouant ses stratégies d'échec au changement, alors que le pervers l'avait utilisée pour imposer sa volonté et ses façons de penser. On voit donc que, plus que pour les autres méthodes, le choix du thérapeute est primordial. Il est essentiel, en effet, que le thérapeute soit prudent et ait une grande expérience clinique. Le patient devra se méfier des thérapeutes trop rapidement formés qui se contenteraient de faire émerger des souvenirs traumatiques sans tenir compte de la globalité de la personne.

Les psychothérapies systémiques

Le but principal des psychothérapies familiales systémiques n'est pas l'amélioration symptomatique d'un individu, mais celle de la communication et de l'individuation des différents membres du groupe. En psychothérapie de couple, le client est le couple et non l'un ou l'autre des partenaires ; en psychothérapie familiale, les thérapeutes présentent un intérêt égal pour chacun des membres de la famille par une prise de position multiple. Ils s'efforcent de lutter contre les étiquettes : le « pervers », la « victime », pour analyser un processus interactif.

Se poser en tant que victimologue peut sembler, pour des systémiciens, revenir à une explication linéaire. Mais reconnaître comme préalable la personnalité de chacun n'exclut pas la prise en compte des processus circulaires de renforcement. On peut dire par exemple : un individu trop plein de sollicitude pour son partenaire exacerbe chez lui une tentation de dépendance qu'il ne supporte pas. Celui-ci réagit en projetant en retour du rejet et de l'agressivité chez l'autre qui, ne comprenant pas, tend à se sentir responsable et à se montrer encore plus attentif, ce qui aggrave le rejet de son partenaire. Cette explication systémique n'a de sens que si l'on tient compte du fait que l'un des protagonistes est un pervers narcissique et que l'autre a une propension à se culpabiliser.

Les hypothèses systémiques — la notion d'homéostasie des familles (maintenir à tout prix son équilibre) ou la notion du double lien (bloquer la communication pour paralyser les processus de pensée) — nous aident à comprendre la mise en place de l'emprise. Pourtant, sur un plan clinique, un raisonnement systémique strict, qui ne connaît pas d'agresseur et d'agressé, mais seulement une relation pathologique, risque de faire perdre de vue la protection de l'individu.

Analyser les processus circulaires est très utile pour désamorcer une situation qui garde encore une certaine souplesse : cela permet de relier les comportements d'un membre de la famille à ceux d'un autre ; mais, lorsqu'on est passé du stade de l'emprise au stade du harcèlement, le processus est devenu autonome et il n'est plus possible de l'interrompre en comptant sur la logique ou la volonté de changement des protagonistes.

Nommer la perversion a une connotation morale entraînant la réprobation, que beaucoup de thérapeutes ne veulent pas assumer. Alors ils préfèrent parler d'une relation perverse plutôt que d'un agresseur et de sa victime. La personne agressée est ainsi laissée seule face à sa culpabilité et ne peut se déprendre de l'emprise mortifère.

De toute façon, il est très rare qu'un pervers narcissique accepte une consultation de thérapie familiale ou de couple, puisqu'il lui est impossible de se remettre réellement en question. Ceux qui osent le faire sont des individus qui utilisent des défenses perverses sans être authentiquement pervers. Lors de consultations imposées, par exemple des médiations à la demande d'un juge, les pervers tendent à manipuler également le médiateur afin de lui donner à voir à quel point le partenaire est « mauvais ». Il importe donc que les thérapeutes ou médiateurs soient particulièrement vigilants.

La psychanalyse

Disons-le tout de suite, une cure psychanalytique type n'est pas adaptée à une victime encore sous le choc de la violence perverse et des humiliations. En effet, la psychanalyse s'intéresse essentiellement à l'intrapsychique et ne tient pas compte des pathologies induites dans la relation à l'autre. Son but est d'analyser les conflits pulsionnels de l'enfance qui ont été refoulés. Son protocole rigide (séances régulières et fréquentes, patient allongé sur un divan avec l'analyste hors de vue), voulu par Freud afin de contrôler le transfert, peut entraîner une frustration insupportable chez une personne qui a souffert d'un refus délibéré de communication, et l'amener à identifier le psychanalyste à l'agresseur, pérennisant ainsi un état de dépendance.

Ce n'est que lorsque la victime sera suffisamment réparée qu'elle pourra commencer une psychanalyse, comprendre, par un travail de remémoration et d'élaboration, ce qui, dans son histoire infantile, a pu expliquer sa trop grande tolérance pour l'autre et mettre à plat les failles qui ont permis l'accrochage pervers.

Alors que la psychanalyse vise à une modification de la structure psychique sous-jacente, les autres psychothérapies cherchent à obtenir une amélioration symptomatique et à renforcer les défenses, ce qui ne les empêche pas d'obtenir autrement un remaniement psychique profond. De toute façon, l'étape préalable de réparation est indispensable pour la victime qui doit se dégager de l'histoire récemment vécue avant d'évoquer les blessures de son enfance.

La psychanalyse seule ne peut rien. Aucune thérapie n'offre de solution miraculeuse qui permettrait au patient de faire l'économie d'un effort de changement. On peut dire que le cadre théorique importe peu. Ce qui est essentiel c'est l'adhésion du patient au thérapeute et à sa méthode, et la rigueur et l'investissement du psychothérapeute. Il faudrait que les psychanalystes cessent de s'enfermer rigidement dans une école et puissent s'ouvrir à d'autres perspectives. Cela commence à apparaître car de plus en plus de jeunes psychiatres et des psychologues cliniciens s'ouvrent aux différentes théories de la psyché, et des thérapeutes de différentes pratiques commencent à communiquer entre eux. Pourquoi ne pas imaginer un passage d'une forme de thérapie à une autre, ou encore une intégration des pratiques psychothérapeutiques existantes ?

CONCLUSION

Au fil de ces pages, nous avons vu le déroulement des processus pervers dans certains contextes, mais il est bien évident que cette liste n'est pas limitative et que ces phénomènes dépassent largement le monde du couple, de la famille ou de l'entreprise. On les retrouve dans tous les groupes où des individus peuvent entrer en rivalité, en particulier dans les écoles et les universités. L'imagination humaine est sans limites quand il s'agit de tuer chez l'autre la bonne image qu'il a de lui-même ; on masque ainsi ses propres faiblesses et on se met en position de supériorité. C'est la société tout entière qui est concernée dès qu'il est question de pouvoir. De tout temps, il y a eu des êtres dépourvus de scrupules, calculateurs, manipulateurs pour qui la fin justifiait les moyens, mais la multiplication actuelle des actes de perversité dans les familles et dans les entreprises est un indicateur de l'individualisme qui domine dans notre société. Dans un système qui fonctionne sur la loi du plus fort, du plus malin, les pervers sont rois. Quand la réussite est la principale valeur, l'honnêteté paraît faiblesse et la perversité prend un air de débrouillardise.

Sous prétexte de tolérance, les sociétés occidentales renoncent peu à peu à leurs propres interdits. Mais, à trop accepter, comme le font les victimes des pervers narcissiques, elles laissent se développer en leur sein des fonctionnements pervers. De nombreux dirigeants ou hommes politiques, qui sont pourtant en position de modèles pour les jeunes, ne s'embarrassent pas de morale pour liquider un rival ou se maintenir au pouvoir. Certains abusent de leurs prérogatives, usent de pressions psychologiques, de la raison d'État ou du « secret défense » pour protéger leur vie privée. D'autres s'enrichissent grâce à une délinquance astucieuse faite d'abus de biens sociaux, d'escroqueries ou de fraude fiscale. La corruption est devenue monnaie courante. Or, il suffit d'un ou de plusieurs individus pervers dans un groupe, dans une entreprise ou dans un gouvernement pour que le système tout entier devienne pervers. Si cette perversion n'est pas dénoncée, elle se répand de façon souterraine par l'intimidation, la peur, la manipulation. En effet, pour ligoter psychologiquement quelqu'un, il suffit de l'entraîner dans des mensonges ou des compromissions qui le rendront complice du processus pervers. C'est la base même du fonctionnement de la mafia ou des régimes totalitaires. Que ce soit dans les familles, les entreprises ou les États, les pervers narcissiques s'arrangent pour porter au crédit des autres le désastre qu'ils déclenchent, afin de se poser en sauveurs et de prendre ainsi le pouvoir. Il leur suffit ensuite de ne pas s'embarrasser de scrupules pour s'y maintenir. L'histoire nous a montré de ces hommes qui refusent de reconnaître leurs erreurs, n'assument pas leurs responsabilités, manient la falsification et manipulent la réalité afin de gommer les traces de leurs méfaits.

Au-delà de la question individuelle du harcèlement moral, ce sont des questions plus générales qui se posent à nous. Comment rétablir le respect entre les individus ? Quelles sont les limites à mettre à notre tolérance ? Si les individus ne stoppent pas seuls ces processus destructeurs, ce sera à la société d'intervenir en légiférant. Récemment un projet de loi a été déposé, se proposant d'instituer un délit de bizutage, réprimant tout acte dégradant et humiliant en milieu scolaire et socio-éducatif. Si nous ne voulons pas que nos relations humaines soient complètement réglementées par des lois, il est essentiel de faire acte de prévention auprès des enfants.

BIBLIOGRAPHIE

AUBERT N. et GAUJELAC V., *Le coût de l'excellence*, Paris, Le Seuil, 1991.

AVFT, BP 108, 75561 Paris cedex 12. Tél. 01 45 84 24 24.

BAUDRILLARD J., *De la séduction*, Paris, Denoël, 1979.

BERGERET J., *La personnalité normale et pathologique*, Bordas, Paris, 1985.

CLASSEN C., KOOPMAN C. et SIEGEL D., *Trauma and dissociation in Bulletin of the Menninger Clinic*, vol. 57, n° 2, 1993.

CROCQ L., « Les victimes psychiques », *in Victimologie*, nov. 1994.

CYRULNIK B., *Sous le signe du lien*, Paris, Hachette, 1989, 1997 pour l'édition de poche.

DAMIANI C., *Les victimes*, Paris, Bayard Éditions, 1997.

DEJOURS C., *Souffrance en France*, Paris, Le Seuil, 1998.

DOREY R., La relation d'emprise, *Nouvelle revue de psychanalyse*, n° 24, Gallimard, 1981.

DUTTON M.-A. et GOODMAN L., « Post-traumatic Stress Disorder among battered women : analysis of legal implications », *in Behavioral Sciences and the law*, vol. 12, 215-234, 1994.

EIGUER A., *Le pervers narcissique et son complice*, Paris, Dunod, 1996.

FERENCZI S., « Confusion de langue entre les adultes et l'enfant (1932) », *in Psychanalyse IV*, Payot pour la traduction française.

FERENCZI S., « Psychanalyse des névroses de guerre (1918) », *in Psychanalyse III*, Payot pour la traduction française.

FERENCZI S., *Psychanalyse IV*, Payot.

FITZGERALD, « Sexual harassment : the definition and measurement of a construct », *in* M. A. Paludi (ed.) : *Ivory power : sexual harassment on campus*, State University of New York Press, Albany.

FREUD S., *Le problème économique du masochisme*, PUF, 1924.

GIRARD R., *La violence et le sacré*, Grasset, Paris, 1972.

HURNI M. et STOLL G., *La haine de l'amour (La perversion du lien)*, Paris, L'Harmattan, 1996.

KAFKA F., *Le procès*, Flammarion, Paris 1983, pour la traduction française.

KERNBERG O., « La personnalité narcissique », *in Borderline conditions and pathological narcissism*, New York, 1975. Privat pour la traduction française.

KHAN M., *L'alliance perverse*, Nouvelle revue de psychanalyse 8, 1973.

LAPLANCHE J. et PONTALIS J.-B., *Vocabulaire de la psychanalyse*, Paris, PUF, 1968.

LEMAIRE J.-H., *Le couple : sa vie, sa mort*, Payot, Paris, 1979.

LEMPERT B., *Désamour*, Paris, Le Seuil, 1989.

LEMPERT B., *L'enfant et le désamour*, Éditions L'arbre au milieu, 1989.

LEYMANN H., *Mobbing*, Le Seuil, 1996 pour la traduction française.

MACKINNEY et MAROULES, 1991, cité par PINARD G.-F. *in Criminalité et psychiatrie*, Paris, Ellipses, 1997.

MILGRAM S., *Soumission à l'autorité*, Paris, Calman-Lévy, 1974, pour la traduction française.

MILLER A., *C'est pour ton bien*, Paris, Aubier, 1984, traduction de Jeanne Etoré.

MILLER A., *La souffrance muette de l'enfant*, Aubier pour la traduction française, 1988.

MILLER A., *La souffrance muette de l'enfant*, Paris, Aubier, 1990.

Nazare-Aga I., *Les manipulateurs sont parmi nous,* Les éditions de l'homme, 1997.

Ovide, *Les métamorphoses,* Paris, Gallimard, traduction de G. Lafaye.

Perrone R. et Nannini M., *Violence et abus sexuels dans la famille,* Paris, ESF, 1995.

Racamier P.-C., *L'inceste et l'incestuel,* Paris, Les Éditions du Collège, 1995.

Racamier P.-C., *Pensée perverse et décervelage,* Gruppo, 8.

Ricœur P., *Le pardon peut-il guérir ?,* Esprit, mars-avril 1995.

Roustang F., *Comment faire rire un paranoïaque,* Paris, Éditions Odile Jacob, 1996.

Spiegel D., « Dissociation and hypnosis in post-traumatic stress disorders », *in Journal of Traumatic Stress,* 1, 17-33.

Sun Tse, *L'art de la guerre,* Traduit du chinois par le père Amiot, Paris, éd. Didot l'aîné, 1772. Réed. Agora classiques, 1993.

Tellenbach H., *La mélancolie,* PUF, pour la traduction française, 1961.

TABLE

II. LA RELATION PERVERSE
ET LES PROTAGONISTES

III. CONSÉQUENCES POUR LA VICTIME ET PRISE EN CHARGE

Sévices psychiques dans la vie professionnelle

Marie-France Hirigoyen
Le harcèlement moral
dans la vie professionnelle

Démêler
le vrai du faux

(Pocket n° 11413)

Quatre ans après le succès de son premier ouvrage *Le harcèlement moral*, l'accumulation de témoignages et l'observation de nouvelles affaires de harcèlement, tant dans le secteur public que dans le privé, ont permis à Marie-France Hirigoyen d'affiner son analyse et de tenter d'établir les bases d'une prévention de ce mal social qui concerne chacun d'entre nous.

Il y a toujours un Pocket à découvrir

Cet ouvrage a été composé par
EURONUMÉRIQUE à 92120 Montrouge, France

Impression réalisée sur Presse Offset par

C P I
Brodard & Taupin

46120 – La Flèche (Sarthe), le 26-03-2008
Dépôt légal : décembre 1999
Suite du premier tirage : avril 2008

POCKET – 12, avenue d'Italie - 75627 Paris cedex 13

Imprimé en France